economics | 经济读物

eco

2049
中国新型农业现代化战略

金海年◎著

中信出版集团·CHINACITICPRESS·北京

图书在版编目（CIP）数据

2049：中国新型农业现代化战略/金海年著.—
北京：中信出版社，2016.4
ISBN 978-7-5086-5618-2

I.①2… II.①金… III.①农业现代化－发展战略
－研究－中国 IV.①F320.1

中国版本图书馆CIP数据核字（2015）第258926号

2049：中国新型农业现代化战略

著　　者：金海年
策划推广：中信出版社（China CITIC Press）
出版发行：中信出版集团股份有限公司
　　　　　（北京市朝阳区惠新东街甲4号富盛大厦2座　邮编　100029）
　　　　　（CITIC Publishing Group）
承　印　者：三河市西华印务有限公司

开　　本：787mm×1092mm　1/16　　　印　　张：14.5　　　字　　数：180千字
版　　次：2016年4月第1版　　　　　　印　　次：2016年4月第1次印刷
广告经营许可证：京朝工商广字第8087号
书　　号：ISBN 978-7-5086-5618-2/F·3521
定　　价：49.00元

中国新供给经济学研究书系
Books of Studies in China New Supply-side Economics
编委会

华夏新供给经济学研究院
《中国2049战略》课题组

总顾问：

洪　崎　中国新供给经济学50人论坛理事长
　　　　中国民生银行股份有限公司董事长
贾　康　中国新供给经济学50人论坛秘书长
　　　　华夏新供给经济学研究院院长
　　　　财政部财政科学研究所原所长
姚余栋　中国新供给经济学50人论坛副秘书长
　　　　中国人民银行金融研究所所长

课题组长：

黄剑辉　中国新供给经济学50人论坛副秘书长
　　　　中国民生银行研究院院长

目 录

畅想 2049 年的中国——中国农业发展之路

　　2049年的中国，农民作为整个国家中重要的一部分，生活和谐。农民身份消失，取而代之的是农业劳动者，农业劳动者和城市其他劳动者将实现各种机会和权利均等。2049年的中国，农村将实现完全村民自治和98%的人口社区化居住，农业劳动者享受相同的公共服务、社会保障、生活水平和质量，与其他劳动者共同维护社会公正、民族团结和推进经济增长。2049年的中国，农村不再以农业占主导地位。相反，只有一小部分劳动者会仍然依赖狭义的农业为生。农业占GDP（国内生产总值）的份额将降到5%，种植业在农业内部的重要性也大大降低。2049年的中国，农业将通过合作社或农业协会的方式实现规模化、集约化和数字化管理耕作。2049年的中国，农业不仅担负着保证我国粮食安全和为工业提供必要原料的功能，同时还具备平衡生态、解决能源危机和为人类提供优美环境等功能。

　　我们相信2049年的"愿景"会成为现实，农村将进入后现代化时代。但我们也要认识到，在发展的道路上还存在众多困难和挑战。农业仍面临满足国内日益增长的农产品总量需求、质量和安全需求方面的极大挑战，农业发展仍面临日益严峻的耕地和水资源安全及生态安全的巨大挑战，农业发展仍面临日益严重的小规模经营和农业现代化发展之间矛盾的挑战，农业仍面临全球及国内对农业生物质能源需求的扩张和农业多功能需求的增长对中国的粮食安全和水土等资源超载压力的威胁和挑战，农业仍面临全球气候变化对农业的冲击和影响。

今后几十年中国农村将有几亿人要转移，劳动力的转移能否成功是影响未来农村发展，甚至影响我国社会经济发展的最严重问题。但由于农村人口向城市转移的规模仍然非常庞大、城市的社会保障体系仍然非常脆弱、农村人口和剩余劳动力素质仍然相对较低等原因，目前农村人口和劳动力的转移依然困难重重，而且有可能在较长时期内仍然是需要面对的挑战。

积极推进我国农村发展，解决发展中存在的问题和阻碍，需要采取如下措施：

一、采取有效措施确保我国农业发展和粮食安全。第一，大幅提高农业科技水平，保障科技安全。目前科技在农业科研推广方面的力度相对较低，不仅低于世界中低水平，还低于一些发展中国家，因此要大力发展农业科技。同时，要着力保障科技安全。第二，积极推进农业产业化。农业以国内外市场为导向，以提高经济效益为中心，把当地农业的支柱产业和主导产品实行区域化布局、专业化生产、一体化经营、社会化服务和企业化管理，把产供销、贸工农和经科教紧密结合起来，形成一条龙的经营体制。第三，采取有效措施促进农业规模化。吸取各国经验，制定土地不可分割的政策，确保农用土地的集中使用，禁止弃耕和耕作不良。第四，积极推进农业"走出去"战略，建设开放型农业。实践证明，农业"走出去"战略是发展外向型农业、开拓利用国内国际"两种资源、两个市场"的需要，是更好地参与国内外农业分工与合作，促进技术、信息、资本流动的有效途径，是缓解农业资源制约、实现规模化经营和提高我国农业综合生产能力的必然选择。因此，要加强宣传，进一步统一思想认识；要加强宏观指导、规划；要建立补贴制度；要放宽融资条件；要建立和完善保险体系；要完善税收优惠政策。

二、加快城市化进程，吸纳大量农村人口。全方位实现城市化是中国现代化的必然结果和过程，是为"农村人"转化成"都市人"提供有效生存空间这一超前战略的认识基点，也是未来中国能够出现大众消费社会关系的前提。要实现全方位城市化，改革户籍和人口管理制度，实现人口的自由居住和迁移；要使在城市中工作和居住达到法定时间的人口享受同一城市均等的公共服务，不得有身份的制度性歧视；要通过改革土地、地方财税和住房制度，让农村转移到城市的人口拥有体面的家庭和能够团聚的安居住房。

三、城市化进程中积极推进多功能农业发展。多功能农业是农业进入工业社会后理性呼唤的一种新型经营模式。多功能农业由有机农业、生态农业、能源农业、旅游农业、文化农业和都市农业等六大类多功能农业和若干具体经营领域构成的经营体系。

四、坚持不懈地贯彻建设社会主义新农村战略。社会主义新农村建设对改变农村地区的落后面貌、提高农民生活水平、缩小城乡差距和实现社会可持续发展具有重要意义。

黄剑辉

2015 年 11 月

新供给面对新未来——中国现代农业发展

中国是具有几千年农业文明历史的大国，当前正处于工业化、现代化、信息化、互联网化以及全球化的特殊历史阶段。在到2049年的这30多年时间里，中国将经历人口的转折点、经济的突破点、二元结构的转折点、农业科技的转折点、农业市场模式的转折点与农业产业全球化的转折点等六个方面的重大转折。在这样的时代背景下，中国农业将如何变革？

根据笔者的研究，展望未来农业发展之路，农业仍面临着五个方面的问题和挑战。一是人口总量大、土地和水等资源利用效率低带来的资源瓶颈问题；二是资源效率低、生产力不高造成农民收入低的问题；三是资源效率与科技水平低导致化肥、农药泛滥，造成土地肥力下降、污染问题等农业生态问题以及农产品质量安全问题；四是农业生产周期长，价格对供给的调节机制滞后导致供求调节波动问题；五是中国农业的国际竞争力危机问题。

因此，现代农业的2049战略研究需要从经济与社会、民族复兴全局、长期的历史跨度、全球的视野以及供给和需求的不同侧面等角度开展研究。

农业是以动植物为对象，通过种植、养殖生产食品和部分工业品的特殊产业。现代农业是指农业的人均生产力水平、产品质量、资源利用效率和环境生态影响四个方面都达到一定水平的相对状态。农业是人类生存的基础，农业的进步是人类生活改善和社会进步的基础标志，农业的拓展伴随着人类活动空间的拓展，农业的现代化是工业现代化和人类文明现代化的重要支撑，而中国的改革开放也正是从农业改革开始的。

根据联合国的报告，到2050年，全球人口将由2012年的72亿增加到96亿，对农业的总需求将大幅度增加。根据历史经验，农业产品的需求结构也随着人们收入水平的提高将发生重大变化，人均GDP在15 000美元左右时是重要的分水岭。在这35年中，全球人均寿命将提高到76岁，发达地区人口将维持在13亿左右，发展中国家人口将从59亿增加到82亿，其中非洲人口将由11亿增加到24亿，大约在2028年印度人口将超过中国，2050年左右尼日利亚人口将超过美国。而土地、水等农业资源的供给却根据全球地形和气候的情况具有约束性。

同时，根据美国、欧盟、日本等发达国家的成功经验，农业现代化必须以农业为中心主体，需要因地制宜地制定相应的政策和战略；需要建立教育、科研和市场三位一体的推进模式；需要建立高度社会化分工的农业生产、流通与服务组织；需要对土地等自然资源、农民等人力资源、资本资源和科技与市场等资源建立有效配置的市场与政府相结合的法治体系。

我国的农业现代化战略，需要从需求出发，从供给着手。

在需求方面，按照有关机构的预测，我国人口在2025~2030年达到峰值，之后开始减少，因此需求总量也将减少。而随着我国人均收入的进一步提高，农业的需求结构将发生重大变化，主粮比例将进一步减少，肉类等蛋白质产品和水果等的需求比例将不断提高。这些需求结构的变化不仅在美国、欧盟、日本、韩国等国家的历史进程中得到了验证，而且我国改革开放30多年来的进程也已经呈现出这样的趋势。

在供给方面，需要在自然资源、资本、劳动力、科技和市场组织等几个方面建立相应的制度环境和推进策略。

到2049年，我国农业现代化要实现农民收入现代化、农业科技现代化、制度供给现代化、农业生态一体化和农业布局全球化这五个方面的目标，具体分三个阶段实现。

2015~2020年是第一阶段。在土地制度改革方面，要建立促进以土地利用效率为目标的规模化和以股份化、资本化为特色的合作、租赁与转让体系，建立保护和恢复土地肥力以减少化肥使用提高产出的休耕制度，建立农民的教育、医疗、养老和就业的福利保障体系，建立现代化农业的就业与生活环境，建立农民职业教育与培训体系；在科技创新方面，要以提高土地和水资源的利用效率、缩短生产周期、提高营养保障安全和保护生态为四大核心目标，将生产、研究与资本相结合，在育种、种养殖、存储加工等环节实现创新突破；在市场商业环境方面，建立面向农民的农产品期货价格风险对冲服务，通过新金融实现资本供给创新，建立创新现代农业生产组织模式，建立以互联网等新信息技术对接需求与供给的高效电子商务平台，建立市场配置资源的机制，政府给予外部性补充，促进实现全球农业资源利用的产业链全球化布局，提升中国农业的全球竞争力。

2021~2030年是第二阶段。这一阶段中国将经历人口拐点，经济规模将达到世界第一，经济结构将基本完成转型。在这个阶段，要建立科技创新为供给核心的制度环境体系，建立面向育种、种养殖、加工、贸易等四个环节的农业价值链，建立面向全球化的资源配置体系，建立面向太空的拓展计划；在这个阶段，要实现农民收入的现代化，消除二元结构；在这个阶段，中国的现代化农业将由面向内需转向面向全球市场。

2031~2049年是第三阶段。中国进入人口老龄化后期，世界人口进一步增加，全球格局进一步多元化，中国不但将和国际社会共同应对国际农业需求危机，而且也要应对自身的人口老龄化危机。同时，生物技术革命将引发农业的后现代革命，人类活动已经跨出地球，星际和太空农业和生态系统建设将成为未来方向。

总的来说，在面向未来的35年乃至更长时期的战略构想，应以土地制度改革为起点，以农民生产率和收入提高为核心目标，以科技创新、现代农业组织与市场体系建设为关键，以国际经验、全球资源整合为突破，以化解刘易斯二元结构的经济、保障与基础体系为全局外部条件，以基础性的、动态发展的制度供给为措施，让科技创新超越科学幻想，建设文化、法治与市场相结合的制度环境，使市场在资源配置中起决定性作用，以中国智慧优势替代人口优势，共同面对中国农业和人类社会的未来。

本书系中国新供给经济学"2049中国中长期发展战略课题"的子课题研究成果，课题组由金海年博士负责，成员包括农业经济与信用评级专家尼楚君博士、农业部专家徐锐钊博士、发改委宏观院专家卜靖博士，总顾问为中国新供给经济学50人论坛副秘书长、中国民生银行股份有限公司研究院院长黄剑辉，课题研究得到中国新供给经济学50人论坛副秘书长、中国人民银行金融研究所所长姚余栋和中国社会科学院农村发展研究所党国英研究员的指导和建议，本书出版过程中也得到中信出版社编辑的诸多意见，在此一并表示感谢！

第一章

中国现代农业的基础

中国农业历史与农业情结源远流长，古代就有神农耕种的传说。许多考古发现表明，在7000多年前我国农业已经相当发达，农业最早的起源可能在约1万年前。国际上已基本达成共识，中国是人类农业起源的几个中心之一。在距今7000~8000年前黄土高原和黄河中下游平原的裴李岗文化和磁山文化遗址，发现了粟（俗称小米）；在距今9000年的湖南澧县彭头山遗址中发现了炭化稻谷，这可能是世界上最早的水稻遗迹；另外，在距今9000年的广西桂林甑皮岩遗址也发现了疑似猪骨[1]，说明了驯化家畜的存在。《汉书·文帝纪》中提道："农，天下之大本也，民所恃以生也。而民或不务本而事末，故生不遂。"其后的中国历代帝王基本遵循了"文景之治"的农业发展思想。可以说，中国农业文明的历史就是中华文明五千年的历史。

不过，中国农业与整个传统文明一样，在近现代被西方现代科技与产业全面超越，未能自觉发展到现代农业，并且当前与发达国家的现代农业还存在巨大的差距，传统农业与现代工业、服务业的差异形成了中国二元结构的现状。解决中国传统农业向现代农业的转变问题，既是解决中国经济的二元

---

① 徐旺生.中国农业本土起源新论[J].中国农史，1994（1）.

结构割裂的问题，也是实现中国经济全面现代化乃至整个民族复兴的核心基础之一。农业现代化是伴随中国的产业现代化与全球化、农民富裕与城镇化建设的关键战略课题，需要从中长期历史跨度、经济政治文化全局视野、全球一体化布局等方面进行系统性研究。

中国改革开放已经三十多年，再过三十多年就是新中国成立一百周年，在这样的历史阶段进行中国现代农业的中长期战略研究，具有极其重要的历史意义。无论是古代、近代，还是当代，中国都将农业视为执政的根本，历代革命与农民运动大多起因于农业问题。改革开放同样以农业改革起步，从而开启了中华文明拥抱世界、全面复兴的进程。自改革开放至2015年2月，中央已有十七次将农业、农村和农民作为"一号文件"的主题，而2015年2月1日的中央"一号文件"更是2004年以来连续第十二次聚焦"三农"。

中国农业现代化的实现面临着新时期、新常态，也面临着新与旧、短期与中长期的诸多挑战。

一、中国农业面临的五大挑战

第一个挑战是如何长期保障粮食供给问题。"民以食为天。"中国人口多，粮食供给的充足与否关系到社会的稳定，这是历代执政者关注的最高民生问题。经过三十多年的改革开放，中国粮食生产已经实现"十二连增"，粮食供给安全已不再是主要矛盾，伴随中国人口老龄化，中国即将迎来总人口的净减少阶段。同时，伴随着居民收入的不断提高，农业需求将发生质的变化，将由量的增长转移到结构性变化，对主食的需求逐步减少，对蛋白质和水果等副食的需求逐步增加。

第二个挑战是如何实现农民富裕。农民富裕问题是农业现代化的核心。

农民收入经常落入产量少、收入少、丰收也不增收的悖论。由于粮食的刚性需求决定了粮食产出收益与总人口成正比，农民增收的唯一有效途径就是减少农民占总人口的比重。这个结论带来了两方面的问题，一是需要第二产业、第三产业更多地吸收从农业转出的劳动力，二是留在农业的劳动力需要提高生产力，即人均农业产出。这样，一方面需要依靠城镇化解决问题，另一方面需要聚集土地等资源发展规模化农业生产能力。由于农业生产周期对农产品供求价格变化反映的滞后性特点，需要建立农业生产者价格风险对冲以及供给稳定的机制。同时，在全球化趋势下，国际农产品价格明显低于国内农产品价格，如何促进农业生产者提高在育种、种养殖、加工、运输仓储和贸易等环节的国际竞争力，也是发展现代农业、实现农民富裕不容忽视的问题。

第三个挑战是新中国成立以后人口增长带来的人均耕地资源和水资源的不足，资源在地域的不均等以及耕地碎片化难以集中生产等方面带来的挑战。中国农业对于耕地肥力的消耗问题也不容忽视，肥力减弱必然带来对化肥等的更多依赖，这关系到农业生产能力能否健康可持续的发展。如果说前面两个挑战可以很好地借鉴发达国家的先进经验，那么第三个挑战必须有面向中国国情的解决方案。

另外两个挑战是中国经济进入新常态凸显出来的新问题，即土地与水的污染以及生产加工运输等环节带来的农产品质量安全问题和农业生产对生态环境的破坏问题。

镉大米、三聚氰胺、农药残留等食品安全事件对中国的相关产业与行业、对居民生活的基本保障和品质提升都构成了极大的威胁，如何保障自然资源和种子与原材料的生产源头、加工运输环节的规范性，以及进一步提高农产品的创新与品质服务，是中国农业现代化面临的新问题。

世界农业的三大源头已经有两河流域和古埃及两大源头因农业造成的生

态破坏荒漠化导致文明的灭亡，中国的黄河流域、陕西与中原一带也因数千年的开垦对生态环境甚至气候造成了破坏性影响。如何维持农业与生态的平衡，如何让农业在青山绿水中健康发展，如何保障农业生产世代的可持续性，是延续中华文明这个人类唯一的不断历史、实现民族伟大复兴的更高课题。

二、现代农业基本概念

农业是通过培育动植物获得产品的行业。广义的农业包括种植业、畜牧业、林业、水产业和副业。产品包括粮食、蔬菜、食用油、动物蛋白、水产、水果、饲料等与食品相关的产品和林木、棉花、酒精等工业原料产品。

现代农业则是在农业生产资源与资料、生产技术、生产与流通方式等方面实现了现代化和市场化应用的农业，核心体现为较高的人均生产率水平、较高质量和品质丰富的产品供给以及农业为第二产业、第三产业提供了完善的市场化分工保障，同时也包括资源节约（较高的自然资源利用效率）和环境友好（较低或消除农业对环境的污染），具体包括较高的人均产出和人均收入、较高的土地与水资源的利用效率、较低的化肥与农药使用三大方面。其中，人均产出和收入是核心，资源节约和环境友好是约束条件，产业市场化分工是实现标志。

三、现代农业中长期研究目标

针对中国农业现代化的研究已有较多，但大部分研究或仅局限于短期、局部，缺乏长期系统性战略研究，或研究与实践和政策制定相脱节。本研究希望站在政治、经济、文化与民族复兴的全局角度看农业，站在新中国成立百年的中长期历史角度看现代农业，站在资源、分工、经济、文化全球化的视野看中国农业。同时针对农业面临的短期与中长期挑战，本研究希望建立大国现代农业的中长期系统化战略研究框架，为国家的统一战略规划提供方案建议。

四、中长期三个历史阶段的划分

考虑到中国现代农业发展的不同历史特点，我们将中国现代农业2049研究的2015~2049年这35年划分为三个阶段。

第一阶段，2015~2020年。这一阶段基本与"十三五"规划时间相一致，同时又是中国人口增加趋缓的阶段，也是中长期战略的起步阶段，既要考虑短期亟须解决的问题，又要考虑长期战略的基础性工作。

第二阶段，2021~2030年。这10年中国将面临七个方面的重大转折。

第一，人口的转折点。2014年我国的劳动力人口已经开始下降，而据有关研究，我国总人口可能在2025~2030年达到峰值，到2049年左右，我国总人口将减少至12亿~13亿，这意味着我国粮食需求总量将逐步稳定甚至可能下降。

第二，经济的转折点。据国内外有关机构研究预测，我国经济总量将在2020~2030年超过美国位列全球第一，在2049年则可能达到中等发达国家水平。这些转折点将对农业产品的需求结构发生明显变化，主粮消费比例会下降，蛋白质、瓜果等消费比例会上升，而总的热量消费则不会有太大的变化。这意味着未来农业的发展将是产品结构的调整，不再是产量的增加。

第三，二元结构的转折点。随着我国经济的发展和城镇化建设的提速，农业人口比例将不断下降，农业人均生产率将不断提升，农民与第二产业、第三产业的收入差距也将逐步缩小直至不再明显，二元结构得以化解，真正实现农业现代化。

第四，农业科技的转折点。随着科技进步，农业对土地、化肥、农药以及水资源等方面的需求不断下降，生产效率不断提升，资源限制、污染问题和生态问题将逐步得到解决，人类将进入绿色、可持续的生态科技现代农业时代。

第五，农业市场模式的转折点。农业生产方式将实现规模集约化生产，人均产量、人均收入大幅提升，农业的流通也会因互联网与电子商务等科技进步而发生天翻地覆的变化，农业流通渠道将大大缩短，农业生产与农产品消费将与电子超市直接相连，农业生产周期的缩短也将有利于农业需求和供给更好的连接。由于直接、准确、及时地了解了消费需求，供给将更有科学规划性，农业供给保障体系得以科学建立。农产品价格风险对冲体系将直接使农民受益，农产品期货、保险、融资等资本金融体系将在农业得到体系化的应用，现代农业金融体系将全面形成。

第六，土地改革的转折点。土地是农业的核心生产资料，土地制度的创新将像家庭联产承包责任制一样进一步解放农民的生产积极性和创造性，解除生产资料的约束，释放活力。这是建立现代农业和解决农民收入问题的根本基础。

第七，国际合作的转折点。中国人口将在未来35年在达到峰值后将逐渐减少，而全球人口却可能进一步增加，甚至超过90亿。一方面我国需要提升自身农业的国际竞争力，另一方面更需要与其他国家合作进行资源整合，在土地与水资源的全球科学利用方面展开生产、流通、加工等多个环节的合作，共同解决全球粮食与农业需求危机，发挥农业大国作用。

第三阶段，2031~2049年。中国将进入中等发达国家行列，人口将不断减少，并逐步趋于稳定，全球人口、农业和经济政治格局将达到新的均衡，中国与世界将进一步融合，达到"和而不同"的状态。这一时期，中国的经济、政治与文化进入后新常态。

第二章

中国现代农业中长期发展目标

在需求方面，按照有关机构的预测，我国人口在2025~2030年达到峰值，之后开始减少，因此需求总量也将减少。随着我国人均收入的进一步提高，农业的需求结构将发生重大变化，主粮在需求方面的比例将进一步减少，肉类等蛋白质产品和水果等副产品所占比例将不断提高。这些需求结构的变化不仅在美国、欧盟、日本、韩国等国家的历史进程中得到了验证，而且在我国改革开放30多年来的进程中也已经呈现出这样的趋势。从供给方面来看，实现农业现代化，需要在自然资源、资本、劳动力、科技和市场组织等几个方面建立相应的制度环境和推进策略。到2049年，我国农业现代化将是农业中长期发展的最终目标，具体表现为实现农民收入现代化、农业科技现代化、制度供给现代化、农业生态一体化和农业布局全球化这五个方面的目标。

一、需求情况

1.人口发展情况

根据联合国《世界人口展望（2012年修订版）》的报告，到2050年世界总人口将由2012年的72亿增加到96亿，平均寿命将达到76岁（图2-1）。其中发达地区人口将维持在13亿，发展中地区人口将从59亿增加到82亿，尤其是非洲人口将从11亿增加到24亿，印度人口将在2028年超过中国，尼日利亚人口将在2050年超过美国。

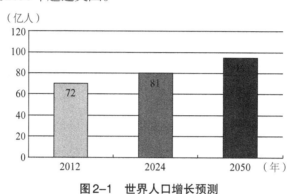

图2-1　世界人口增长预测

资料来源：联合国世界人口展望（2012年修订版）

　　根据国家人口发展战略研究课题组2012年发布的《国家人口发展战略研究报告》（图2-2），中国人口将在2030年左右达到峰值，接近15亿。

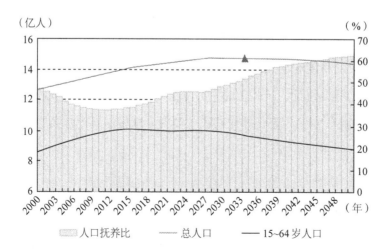

图2-2　中国人口增长预测

资料来源：国家人口发展战略研究课题组. 国家人口发展战略研究报告，2012

另根据易富贤、苏剑在2014年的研究《中国人口展望2015~2080年》（图2-3），中国人口将在2023年达到峰值，为13.95亿~14亿，而到2050年，人口可能会减少到11.76亿~12.4亿（中值为12.11亿）。

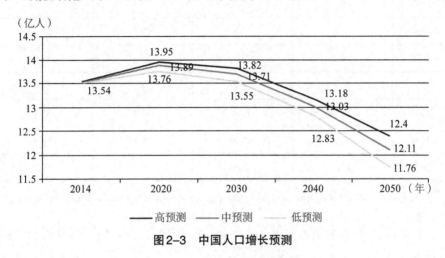

图2-3 中国人口增长预测

资料来源：易富贤，苏剑. 中国人口展望2015~2080 [J]. 中国发展观察，2014（12）

2. 人均农产品需求情况

改革开放以来，中国人均农产品需求随着收入水平的提高已经发生了巨大的变化。2000~2009年，全国粮食人均消费需求已经下降了将近一半，而食糖、植物油、乳品（不含黄油）和肉类则大幅增加（表2-1）。

表2-1 中国主要农产品人均需求变化 （单位：千克/人/年）

名称 年份	食糖	植物油	乳品（不含黄油）	肉类
2000	6.4	11.5	10.9	49.3
2001	8.9	12.1	12.4	49.3
2002	10.1	14.0	14.8	49.8

（续表）

名称 年份	食糖	植物油	乳品（不含黄油）	肉类
2003	8.5	15.9	18.1	51.1
2004	8.8	16.8	22.5	51.6
2005	9.7	17.7	25.3	53.7
2006	11.8	18.2	28.5	54.6
2007	12.4	19.4	30.4	53.1
2008	11.5	19.6	30.6	56.3
2009	10.1	21.6	31.9	58.1

数据来源：中华人民共和国国家统计局.中国统计年鉴（2010）[M].北京：中国统计出版社，2010

为了预测未来中国人均农业产品需求结构变化，本书将先归纳关于世界主要国家人均农产品需求结构的演变状况。

（1）美国

美国不同区域、不同种族的人均农产品需求差异较为明显。从区域来看，中西部牛肉、猪肉、橘子和甜味剂人均消费最高，东北部菠菜人均消费最高，南部苹果、洋葱、新鲜类和加工番茄类人均消费最高；从城市、郊区和乡村来看，城市菠菜和橘子人均消费量最高，郊区苹果、洋葱、新鲜类和加工番茄类和甜味剂人均消费量最高，乡村牛肉、猪肉人均消费量最高；从种族消费来看，非拉美裔白人、非拉美裔黑人、拉美裔和其他种族人均农产品消费量中，拉美裔牛肉、洋葱、番茄和橘子人均消费量最高。

表2-2　美国各地人均农产品需求　　　　（单位：千克/人/年）

年份＼名称	食糖	植物油	乳品（不含黄油）	肉类
2000	71.5	35.5	266.8	120.9
2001	70.3	35.3	266.0	120.0
2002	72.5	36.6	268.4	123.5
2003	72.3	36.1	267.4	122.2
2004	72.9	37.4	265.8	124.6
2005	72.5	34.9	267.1	124.3
2006	72.2	38.3	267.9	124.6
2007	70.6	37.7	274.9	124.6
2008	68.7	38.5	268.2	122.2
2009	66.8	38.4	269.4	117.9

数据来源：联合国粮农组织数据库

2000~2009年，美国人均农产品需求与人均每日摄入能量见表2-2和表2-3。

表2-3　美国人均每日食物摄入能量　　　　（单位：卡路里/人/天）

名称＼年份	2000	2001	2002	2003	2004	2005	2006	2007	2008	2009
加总	3 804	3 756	3 829	3 821	3 853	3 799	3 804	3 794	3 733	3 688
谷物	872	850	830	831	827	827	839	847	836	827
油籽	60	66	62	68	69	74	63	65	71	66
糖	644	633	658	654	663	659	648	630	614	603
蛋类	56	56	57	56	57	56	56	54	54	54
水产品	31	30	31	33	35	34	39	39	39	39
肉类	446	443	456	453	463	462	463	464	456	440
乳品	391	388	392	394	382	386	380	381	381	376

数据来源：联合国粮农组织数据库

（2）日本和韩国

日本和韩国人均农产品需求与中国饮食习惯更为接近（表2-4）。

表2-4　中日韩人均每日食物摄入能量对比　（单位：卡路里/人/天）

国家 年份		2000	2001	2002	2003	2004	2005	2006	2007	2008	2009
加总	中国	2 867	2 878	2 890	2 884	2 912	2 950	2 950	2 957	3 008	3 036
	日本	2 902	2 892	2 859	2 851	2 855	2 842	2 793	2 821	2 768	2 723
	韩国	3 090	3 078	3 078	3 059	3 095	3 101	3 124	3 145	3 176	3 200
谷物	中国	1 543	1 523	1 508	1 481	1 472	1 466	1 461	1 443	1 448	1 447
	日本	1 120	1 108	1 102	1 094	1 088	1 091	1 072	1 078	1 056	1 054
	韩国	1 479	1 468	1 427	1 352	1 390	1 367	1 364	1 347	1 378	1 399
油籽	中国	80	80	74	67	69	75	66	68	70	74
	日本	123	121	121	122	122	122	121	119	119	109
	韩国	88	87	93	113	85	84	86	90	89	88
糖	中国	61	64	61	67	64	65	66	84	75	63
	日本	271	280	283	286	286	272	262	287	271	263
	韩国	319	332	344	343	339	344	341	327	329	315
蛋类	中国	63	63	64	66	66	68	67	70	74	75
	日本	77	77	77	77	76	76	76	78	77	76
	韩国	39	43	43	43	40	40	42	42	44	43
水产品	中国	34	34	35	37	38	39	40	43	45	45
	日本	184	188	178	178	169	166	158	154	154	154
	韩国	75	84	81	85	96	96	103	98	98	97
肉类	中国	390	393	397	407	412	429	437	416	443	462
	日本	170	169	170	172	171	180	176	177	179	176
	韩国	216	197	221	232	195	215	238	247	247	242
乳品	中国	19	21	25	31	39	43	48	51	52	54
	日本	127	125	125	124	124	122	118	121	117	116
	韩国	40	42	49	38	36	38	36	39	39	31

数据来源：联合国粮农组织数据库

　　1961~2006年，日本和韩国人均粮食需求变化、人均肉蛋奶需求变化和饮料需求变化见图2-4、图2-5和图2-6。

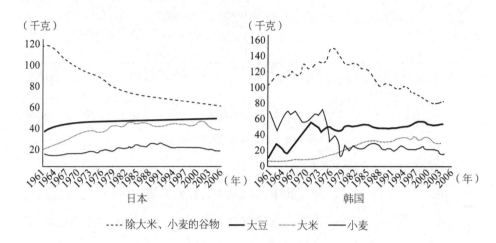

图2-4　日韩人均粮食需求变化

数据来源：联合国粮农组织数据库

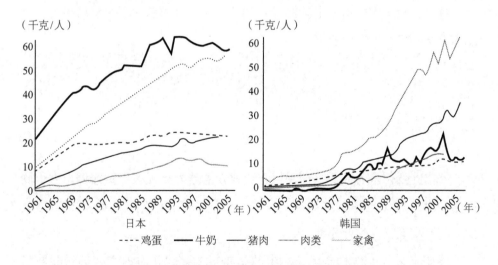

图2-5　日韩人均肉蛋奶需求变化

数据来源：联合国粮农组织数据库

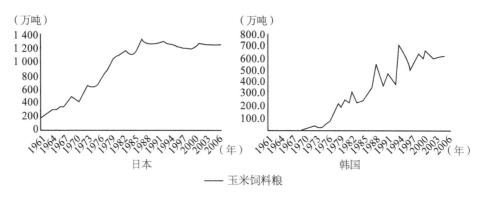

图2-6　日韩饲料需求变化

数据来源：联合国粮农组织数据库

由此可见，一方面，随着我国人口减少，粮食总需求量将减少；另一方面，随着居民生活水平的提升，人均粮食消费需求大幅减少，我国粮食的总需求也将进一步降低。同时，居民对于肉蛋奶以及水果等方面的人均需求和总需求都将增加，这将带动饲料农产品需求的增加。

总之，我国人口将在未来35年经历峰值拐点，粮食总需求将减少，农产品需求结构将发生较大变化。

二、供给情况

需求的变化是客观的，而现代农业建设的着力点则在于供给侧。供给侧因素包括资源（土地及水等）、劳动力和资本等三大组合要素，以及技术、组织与制度等三大整合要素。

展望未来，土地和水等自然资源是有限的，因此耕地红线仍然需要坚守。同时，对耕地肥力的恢复机制需加强研究。

从劳动力要素方面来看，则需要大量减少劳动力数量，提高人均生产率，以实现农民收入的提高和供给的保障。

从资本方面来看，一方面要建立产业资本和价格金融工具等为主的市场机制，另一方面要完善外部性内部化的补贴与负税收创新机制，进行市场规则与竞争规则的建立、优化与维护。

从技术方面来看，要建立资源利用、种业、种养殖、加工、运输仓储以及贸易各环节的规模化与高效化研究，建立产学研相结合、市场研发与公共基础研究相结合的系统化技术创新鼓励与培育体系，以市场为主体、政府为引导，尊重市场规律，发挥乘数效应。

从组织方面来看，总结家庭联产承包责任制的成功经验，以农民、市场为创新主体，政府及时给予制度保障，建立和完善中国特色、与国际接轨的现代农业企业制度体系。

从制度供给方面来看，改革土地等资源配置市场化机制与制度、农民劳动力转移与福利保障体系、资本与技术鼓励引导和公平竞争规则制度体系、现代农业企业与产业制度体系，建立以法治为基础、文化道德为指导、市场起决定性作用的现代农业运行机制。

三、历史沿袭

从农业改革的历史进程来看，制度供给是主要推动因素。中国农村与农业改革是中国改革开放的排头兵，从1978年至今，大致可以分为四个阶段。

第一阶段（1978~1984年）：农村改革首先从农村经营制度入手，通过实行家庭联产承包责任制，废除人民公社制度，初步形成了家庭承包经营、统分结合的双层经营体制。

第二阶段（1985~1991年）：农村改革以农产品购销体制改革、发展乡镇企业等为重点，全面推进。这一阶段改革的主要取向是促进农村经济结构的多元化和提高农产品贸易自由化水平。

第三阶段（1992~1999年）：按照建立社会主义市场经济体制的要求，稳定和完善农村基本经济制度、深化农产品流通体制改革、推进乡镇企业体制创新、调整农村产业结构和促进农村劳动力转移，进一步深化农村改革。

第四阶段（2000年至今）：全面改革农村税费制度、深化粮棉流通体制改革、扩大农业对外开放、改善农村劳动力就业环境、推进新农村建设，农村改革进入了城乡统筹发展的新阶段。

在制度变迁（改革）的推动下，中国农业的供给情况实现了长足的发展（表2-5）。

表2-5　1978~2013年主要农产品产量增长　　　　　　（单位：万吨）

种类＼年份	1978	2013	增长量	增长倍数
粮食	30 500	60 194	29 694	1.0
棉花	217	630	413	1.9
肉类	856.3	8 535	7 678.7	9.0
水产品	466	6 172	5 706	12.2

数据来源：中华人民共和国国家统计局.中国统计年鉴（2014）[M].北京：中国统计出版社，2014

1978~2013年，中国农业发展经历了以下几个具有标志性意义的变化。第一，农民人均纯收入由134元增加到8 895元；第二，农村居民的恩格尔系数由67.71%下降到37.7%；第三，取消农业税；第四，全部免除农村中小学生的学杂费；第五，新型农村合作医疗已全覆盖。

总结中国农村改革发展的基本经验，主要包括以下几个方面：（1）始终坚持把发展生产力作为改革的首要目标；（2）始终坚持把维护和发展农民的根本利益作为改革的出发点;（3）始终坚持家庭承包经营为基础、统分结合的双层经营体制;（4）始终坚持市场化改革取向,有效地发挥政府宏观调控作用;（5）始终坚持渐进式改革的道路。

当前,农业内外部环境都发生了变化,过去的成功经验不能简单延续,需要根据事物发展的阶段性和客观规律进行调整,国际经验的借鉴也不可或缺。

四、国际借鉴

1.美国农业现代化

美国的农业现代化道路具有高度商业化、高度区域化、高度机械化、高度组织化以及高度专业规模化和一体化的特点。

美国农业协会成立于1919年,现有600万名会员,全国有80%的个体农民参加协会,在农业发展中发挥着重要的作用。美国还有一些拥有强大政治影响力的团体,包括各种各样的大豆协会、玉米协会、畜产品加工协会等。美国的农业组织完成了"从田间到餐桌"的一体化,"农工综合企业"就业人数占全国劳动力的17%,大大高于农业本身所能吸收的劳动力,跨国综合农业企业巨头成就了美国农业的综合竞争力。

2.日本农业现代化

日本的情况与美国不同。第一,日本土地情况与我国许多地区类似,一是人多地少,二是碎片化不易集中规模化操作,因此日本实现了因地制宜的机械化操作;第二,日本发展了高度发达的生物技术,对农产品品种进行了改良；第三，日本农产品质量安全水平高，例如日本大米含水率要在14.5%~15.5%，过高和过于干燥都不能出售，米粒整齐度要求99%以上，青米和碎米都做饲料，稻谷出谷率可达到85%；第四，日本专业化、社会化程度高，日本农民一般专业经营一业，只从事农业生产，生产资料和饲料等都是社会化提供，农户生产出来的产品也几乎全部作为商品，通过农协组织销售给社会；第五，日本农业生产精细化，细致管理造就了日本农产品的高品质。

综合发达国家农业现代化的成功经验，主要包括政府通过立法形式对实现农业现代化制定可行的实现途径，建立农业科研—教育—推广"三位一体"的模式，因地制宜、分类推进农业现代化，明确农业生产主体，培养高素质的农业生产者和建立高度社会化的农业服务组织等六个方面。

五、中国现代农业的五大发展方向

本书根据国际经验和国内农业发展现状与未来发展趋势，提出中国农业现代化的未来五大发展方向。

1. 农民收入现代化

农民收入现代化目标是要进一步减少农业人口比重，消除二元结构，农业生产经营实现高度科技化、规模化、链条化和特色化，农业管理服务实现高度系统化、信息化、专业化和社会化。

2. 供给保障现代化

提升农产品生产供应保障能力，稳定农产品生产，保障粮食有效供给；

通过科技手段提高土地和水等资源的利用效率，缩短种植养殖的农业生产周期，实现资源的利用效率现代化；建立食品监管现代化体系，提升农产品的营养成分，去除污染、农药残留等不健康因素。

3.制度供给现代化

在制度层面上，以租赁化、股份化为起点推进土地适度规模经营；在技术层面上，主要是发展农业规模化生产与集约化生产技术；在商业层面上，体现在不断创新推广农业专业合作模式与供求电子商务平台。

4.农业生态一体化

农业生态一体化目标是建立耕地轮耕、休耕等肥力可持续保障机制，建立农业生产生态一体化协调发展机制，使生态环境得到明显修复和改善。

5.农业布局全球化

农业布局全球化目标是在全球进行农业的资源生产、流通、储备和资本市场（主要是期货市场）等环节的全面布局，培养全球性农业企业，打造中国农业的全球竞争力和整合力。

第三章

中国现代农业的新供给经济学理论分析框架

新供给经济学的供求非对称性体现出供给更能为现代农业发展注入动力。本书以新供给经济学理论作为理论基础，在研究需求面的前提下，重点从供给面为现代农业发展提供新思路。

一、需求与供给作用的非对称性

新供给经济学理论认为[①]，推动经济增长与发展的过程中，需求与供给的作用具有非对称性。第一，在总体上，在经济增长中，供给的主体是企业，是主动的，需求是被动的；第二，在经济增长的不同阶段，供给与需求的相对作用也会发生变化；第三，经济增长的供给因素是长期性的，需求问题往往是临时性的；第四，针对经济的制度供给是人们可以采取行动措施的主要方面，是决定生产供给乃至经济增长的核心因素。

---

① 金海年.新供给经济增长理论：中国改革开放经济表现的解读与展望[J].财政研究,2014（11）.

二、现代农业的新供给经济学理论分析框架

本研究的目标是为国家的中长期战略提供政策建议与方案，根据新供给经济学的供求非对称性，研究从需求出发，着力点在供给侧，解决方案是制度供给。

本研究认为，供给侧包括"3+3"要素：第一类要素包括资源、资本和劳动力三个基本组合要素，它们分别对现代农业的建设发挥相应的作用；第二类要素包括技术、组织和制度三个整合要素，它们对三个组合要素发挥整体的作用，影响基本要素的生产率。因此要针对土地、水等自然资源、资本和劳动力三个方面的基本要素，制定技术研发、组织创新和制度供给三个方面的政策建议。

同时，研究中国现代农业中长期（2015~2049年）的发展，需要在国际格局、整个经济与人类发展的长期视野和中国发展沿袭的历史路径等三个前提下开展，从人口数量变化和消费需求结构变化出发，研究全球人口结构变化、收入和经济发展变化与国内人口结构、经济收入水平及其农业需求的关系，从资源、资本、劳动力、生产科技与流通科技等供给侧着手，以新供给经济理论为基础，结合发达国家的成功经验及其背景条件，基于国内和国际的资源供给进行未来展望分析。本研究以培育具有国际竞争力和产业整合能力的现代农业组织与市场体系以及科技研发创新体系为目标，提出农业现代化中长期发展的制度供给战略和产业展望。

三、新供给经济学理论分析框架下的基本面判断

本研究认为，2015~2049年，中国现代农业须针对人口继续增长的

"十三五"时期、2021~2030年的人口达到峰值拐点且中国经济继续增长的第二阶段和2031~2049年中国经济进入较高收入行列且人口开始减少的第三阶段进行分阶段分析。

第一，农产品的总需求量将不会有显著增加且后期可能趋于下降，但蛋白质类需求会不断上升至稳定，需求结构会有明显变化。

第二，农产品的供给能力应与农民比重减少且人均供给能力提升（人均收入提升）相协调，通过科技和组织创新实现资源的集约化利用。

第三，全球人口的差异变化将中国农业从依赖进口转向依靠全球整合实现出口供给能力的整体提升。

第四，科技发展将彻底改变农业贸易流通方式，使农业的社会化、全球化分工达到前所未有的程度。

在以上观点基础上，本研究提出以下规划战略建议：

（1）在劳动力方面，大幅减少农民比重、提高农民人均生产力是实现农民富裕、消除二元结构的唯一有效途径。推进以职业转化为核心的城镇化建设和提供开放的现代农业生产与贸易组织创新的制度环境；推动第二产业和第三产业的发展，吸收更多的农民转变职业身份；建立完善的城乡一体化的社会福利与保障体系，消除二元结构。只有有效地减少农民人口比重，才能为增加农民收入提供前提条件。

（2）在资源方面，大力推进鼓励农地转租和股份化为重点的土地规模化的法治体系建设，保障农民的土地处置权与收益权。对农地通过去化肥和保护生态的方式，建立休耕、轮耕等养地机制，同时防止土地抛荒，保持土地资源的可持续性。土地是农业生产的基础，也是农民创收的根本，中国的历史可以说是土地制度变革与变更的历史。土地制度改革的核心就是从农民的利益出发，不断随着农民人口的减少而实现土地规模化的有效配置。首先，相比土地转让，土地股份制和租赁制优先推行的法律基础要求更容易实现，也更容易保护农民作为承包主体的自身利益；其次，土地的休耕与轮耕等养地制度让土地有恢复自然肥力的时间，逐步减少化肥的使用，保护生态体系，保持土地资源的可持续利用能力，实现农业发展与自然生态系统的和谐循环。土地制度与土地技术以及水利设施的建设，既要考虑自然风险应对，也要考虑无土技术，把握亩产与耕地红线的平衡，鼓励规模化，防止碎片化，鼓励长期利用，防止公地悲剧，同时保护农民利益和环境生态。

（3）在资本方面，建立农产品价格期货与保险等风险对冲与生产稳定市场体系，建立多层次的农业产业金融体系，加大对农业生产者的扶持力度。发挥市场资本和民间创新的力量、国家的基础前瞻性力量以及政府在安全监管、质量保障等方面的制度与法治作用，建立国家基金，在资本、补贴等层面充分发挥对市场的杠杆与乘数效应，让市场规律发挥主导作用，政府发挥引导作用。现有的农业金融体系主要是面对生产的融资和保险，而农民应对价格波动的主要方式还是政府补贴，不但难以有效发挥市场的调节作用，反而带来了庞大的财政负担。如果能将农产品期货对冲服务直接对接农民，则可以有效解决上述问题，但目前的期货对冲主要应用在大型农产品收购与加工贸易企业，没有应用真正需要应对价格风险的农民身上。因此，建立农产品贸易针对农民的期货对冲服务，是稳定农业生产、保护农民生产积极性的有效措施。

（4）在技术方面，以育种、种植、养殖为重点，以缩短生产周期、资源集约化生产和创新农产品品种提高品质为目标，建立产学研支持体系。建立国家与科研机构基础研究、企业应用研究和农民分享使用的多层次农业科技体系，着重降低单位产出的土地占用和水资源消耗或提高单位土地和水资源消耗的产量，在土地、无土生产乃至星际资源等方面进行探索应用。同时，减少对化肥、农药的依赖，积极有序地进行基因等生物技术开发应用，并研究如何有效缩短种植、养殖等生产周期。

（5）在组织方面，建立全球农业资源整合产业分工体系，完善国内国际竞争市场规则，促进具有国际竞争力的现代农业企业与组织的成长，探索建立符合中国国情的现代农业生产组织，以最少的人力利用最多的土地等资源，实现最大产出。实现专业化的流程分工，采用先进的设备、机器等生产工具，因地制宜地实现土地规模化，并根据土地适用性规划产品品种，是建立中国现代农业企业的有效途径。利用电子商务等先进信息化技术实现农业的"按需生产"和"生产消费直接对接"，打造现代农业市场平台，建立现代化的农产品供求与流通贸易体系。农产品有其种植、养殖周期，往往难以迅速反映市场供求变化情况。通过科技手段可以适当缩短种植养殖周期，通过互联网平台还可以有效对接生产者与消费者，建立专业化的农产品直供电子商务平台，将农民和消费者直接对接起来，有效解决信息不对称问题，方便农民合理安排种植养殖计划，也可以为消费者提供放心的、可追溯的和更加便宜的农产品供应平台。同时，这样的电子商务平台需要配套的加工与物流体系，实现农业、第二产业和第三产业的有机融合。中国的人均耕地面积与人均水资源显著低于世界平均水平，而在北美洲、大洋洲、非洲等地区，资源利用率还比较低，如能在不影响当地生态体系的情况下进行全球资源开发利用，并建立全球农产品加工流通体系，建立从贸易的丝绸之路到农业的鱼米之路，通过经济、生态、文化和外交等立体途径建立全球化合作体系，可有效应对全球人口危机，还能带动当地经济，实现世界经济与生活水平的协调发展。

（6）在制度方面，建立去行政化的法治体系，让市场起决定性作用，政府提供产权界定、公平交易保障、外部性、社会保障、变补贴和最低收购价为负产粮税和对冲农产品保障等制度供给。同时，接轨并主导国际贸易规则的制定。

第四章

中国农业现代化历程和经验

新中国成立以来，农业发展大致经历了三个时期。一是农业发展恢复期，可认为是传统农业的量化积累期，时间段在1949~1983年；二是粮食生产安全实现期，可认为是传统农业向现代农业转型期，时间段在1984~1999年；三是农业快速发展期，可认为是现代农业的萌芽期，时间段是2000年以来。

一、农业发展恢复期

在这一时期，中国农业发展经历几次大的制度变革，每次制度变革对农业发展的影响效果迥异，这为研究中国农业制度提供了很好的样本，也对确定未来现代农业发展的制度构建具有很好的借鉴意义。

1. 土地改革与家庭经营促进了农业生产的快速恢复

新中国成立以来，国家通过推动土地改革极大地调动农民的生产积极性。1950年，中央政府先后颁布了《中华人民共和国土地改革法》《城市郊区土地改革条例》。土地家庭经营极大地刺激了农民的生产积极性，农业生产得到了较大发展。1949~1952年，粮食人均产量从209千克上升到288千克，棉花人均产量从0.8千克上升到2.3千克，油料人均产量从4.7千克上升到7.4千克，糖料人均产量从5.2千克上升到13.4千克。

2.农业合作克服了一家一户从事农业生产的弱点

针对新中国成立初期一家一户从事农业生产的弱点，政府开始引导农民走合作化的道路，建立了农村集体经济。1956年年初，全国有1亿左右农户加入合作社，占全国农户总数的90%。1956年年底，高级社农户占全国总农户的87.8%。通过发挥集体力量，农业生产基础能力得到改善，耕地面积扩大了867万亩，新增灌溉面积2.2亿亩。农业生产能力也得到一定提高。1952~1957年，全国粮食人均产量从288千克上升到306千克，棉花人均产量从2.3千克上升到2.6千克，油料人均产量从7.4千克降到6.6千克，糖料人均产量从13.4千克上升到18.7千克。

3.国家通过合作社对农业生产的干预力度增强

国家对农业的过度干预使农业生产连续滑坡。新中国成立初期，农业发展的好形势使政府乐观地估计了农业发展潜力，国家通过合作社对农业生产的干预力度增强。1958年，中央政府确立了"鼓足干劲、力争上游、多快好省地建设社会主义"的路线，并在农村大张旗鼓地进行宣传。在此背景下，各地高级社纷纷兴修水利，并实施了多项工程项目和工业项目。中共中央随即向全国农村发出号召，推动人民公社的组建。到1958年10月底，全国达到了人民公社化的高潮，全国农户中有1.2亿入社，占总农户的99%。但1959~1962年中国主要粮食产区遭遇多年不遇的旱灾，人民公社导致的生产力下降使我国农业雪上加霜，加之与苏联关系破裂，最终导致了灾难性的后果。从1959年开始，全国生产下降，陷入了空前的经济困难。1962年的粮食总产量为15 441万吨，比1957年的19 505万吨下降了20%多。同时，在"浮夸风"盛行的背景下，中央统购统销的政策进一步造成了严重的饥荒。在这种严峻形势下，1961年，中央政府进行了全面调整，提出对国民经济实行"调整、巩固、充实、提高"的八字方针，强调农业是国民经济的基础，调整工农业比例关系，经济发展计划需要按照"先工后农，先轻后重"的次序进行，国民经济发展恢复综合平衡，农业生产得到了一定的发展。

4.农业生产经历了缓慢发展的时期

1966~1978年，在"文化大革命"冲击下，农业生产经历了缓慢发展的时期。"文化大革命"一方面破坏了正常的生产秩序和管理秩序，另一方面也阻碍了生产技术的研发和创新，使国民经济陷入混乱。农业生产也饱受冲击，"宁要资本主义的草，不要社会主义的苗""谁穷谁光荣"等思想和"大锅饭"的思维方式严重打击了农民生产的积极性。而"农业学大寨"运动在全国展开，不仅浪费了劳动时间，也破坏了生产环境条件。这一时期，从总产量看，农业生产是增加的。粮食总产量从1965年的19 453万吨增长到1978年的30 477万吨，但其以损害环境为代价，劳动生产率低，加之人口总数也从72 538万人增长到96 259万人，使人均产量徘徊不前。1965~1978年，人均粮食产量从272千克增长到318.7千克，人均棉花产量从2.9千克下降到2.3千克，人均油料产量从5.1千克增长到5.5千克，人均糖料产量从21.5千克增长到24.9千克，人均水产品从4.2千克增长到4.9千克。

5. 粮食实现基本自给

1979~1983年，改革开放在农业领域率先在家庭承包责任制中拉开序幕，农业生产快速发展，实现了粮食的基本自给。1978年12月，党的十一届三中全会明确提出，把全党的工作重心转移到经济建设上来。同时会议提出，要集中主要精力要把农业搞上去。会议认真总结了农业发展过程中的经验教训，纠正了"左"倾错误路线，颁布了《中共中央关于加快农业发展若干问题的决定（草案）》和《农村人民公社条例（试行草案）》。党的十一届三中全会的召开给长期低迷的中国农业带来了重要转折。

1979年，国家对农村经济开始进行重大改革，实施家庭联产承包责任制。由此，打破了农业生产长期形成的"大帮哄""大锅饭"状态，调动了广大农民的生产积极性。此后，中国农业进入了快速发展的时期。农业改革之初，实行包产到组。家庭承包责任制最先在安徽省试行，随后在甘肃、贵州、四川、内蒙古等省和自治区相继开展了承包到户的责任制。

1980年以后，包产到户的形式开始逐步推广。到1983年初，家庭联产承包责任制已经成为农业生产的主要经营形式。1984年，中共中央"一号文件"明确规定了家庭联产承包期为15年，并限制频繁调整。这一举措不仅确认了家庭联产承包责任制的合法性，而且也保护了农民经营土地的热情，为农业生产力的提高奠定了制度基础。与此同时，农村行政管理体制也逐步由人民公社制转为乡镇体制。同时，国家也出台了一系列农业支持政策，大幅增加了化肥、农电和柴油的投入量，提高了农副产品收购价格，减少了征购量，扩大了粮食进口。大力推广农业技术等进一步促进了农业生产的发展。在此期间，粮食生产总量从33 212万吨增长到38 728万吨，人均粮食产量从342.7千克增长到378.5千克，人均棉花产量从2.3千克增长到4.5千克，人均油料产量从6.6千克增长到10.3千克，人均糖料产量从25.4千克增长到39.4千克，水果人均产量从6.9千克上升到9.3千克。

表4-1 1949~1983年主要农产品人均产量 （单位：千克）

年份 农产品 指标	粮食	棉花	油料	糖料	水果
1949	208.9	0.8	4.7	5.2	—
1952	288.1	2.3	7.4	13.4	4.3
1957	306	2.6	6.6	18.7	5.1
1962	240.3	1.1	3	5.7	4.1
1965	272	2.9	5.1	21.5	4.5
1970	293.2	2.8	4.6	19.0	4.6
1975	310.5	2.6	4.9	20.9	5.9
1978	319	2.3	5.5	24.9	6.9
1979	342.7	2.3	6.6	25.4	—
1980	326.7	2.8	7.8	29.7	6.9
1981	327	3	10.3	36.3	7.9
1982	351.5	3.6	11.7	43.2	7.7
1983	378.5	4.5	10.3	39.4	9.3

数据来源：国家统计局农村社会经济调查局.中国农村统计年鉴[M].北京：中国统计出版社

二、粮食生产安全实现期（1984~1999年）

在基本实现粮食自给、完成农业保障国家粮食安全初步任务后，我国农业在确保生产总量的基础上，开始向优化农产品品质、调整农产品结构和提高农业生产效率的方向发展。在这一时期，大体上可以分为两个阶段。

第一阶段（1984~1991年），在基本保持粮食自给自足基础上，优化农产品品质，调整产业内部结构。

粮食实现基本自给后，人们物质文化生活需求有了质的飞跃。人们不仅要求"吃饱"，而且希望"吃好"。在此背景下，农业在中央政策引导和支持下，进行了相关调整。在提高农产品质量方面，大力推广优质品种，其典型代表就是江西等省推广优质早稻品种。同时，推动生态农业、绿色农业的发展，减少农产品中的农药、化肥残留，提升农产品的品质，逐步满足人们追求个性化的消费需求。这些政策一方面保障了农业生产结构调整中粮食产量的基本稳定或缓慢增长，另一方面也增加了农产品的市场竞争力，提高了农产品附加值，推动了农业产值的提高和农产品市场的多元化。在推进结构调整方面，由于改革开放取得了初步成效，人们物质生活水平得到基本保障，全国各地普遍出现了农产品消费结构升级的态势。在市场的推动下，农作物开始走向多样化，种植业、林业、畜牧业、渔业等全面发展，这既满足了饮食结构多元化发展的需求，也直接促进了农业向优质化方向迈进。在粮棉等主要农产品的生产和发展经历了上一时期的高速增长、国家开始对粮棉收购体制进行改革的同时，国家在政策上积极引导农民削减粮棉的种植面积，发展种植业以外的产业和非农产业。这一时期是我国农业走向产业化的重要阶段。国家实行了农产品购销体制的改革，除粮食、棉花、烤烟外，其他农产品都进入了流通领域。在此时期，城市农产品需求走向多元化，大大促进了农村、农民的多重经营，专业户、专业村和乡镇企业也得到很大发展。在一些沿海地区和城市逐渐形成了农户与市场联结的加工流通龙头企业和专业化市场，并形成了产销一体化。外商也介入其中，投资农业年均189项。这一时期农业科技化也有较大进展。

1985年，中共中央制定了《关于科学技术体制改革的决定》。1986年，农业科研体制改革开始启动，积极贯彻"稳住一头、放开一片"的方针，稳住基础研究和应用基础研究，组织新技术研究和重大技术攻关，让技术开发机构和技术服务机构面向市场。1991年11月，党的十三届八中全会在《中共中央关于进一步加强农业和农村工作的决定》中把科技、教育兴农放在战略地位，把农业发展转移到依靠科学技术进步和提高劳动者素质的轨道上来。

1985~1991年，农业研究人员为50 330人，比1980~1984年的33 111人多了17 219人，增长52%。1985~1991年，农业科技投入分别为2亿元、2.7亿元、2.3亿元、2.4亿元、2.5亿元、3.1亿元、2.9亿元，除1987年稍低，其余年份基本上呈连年增长态势。在此期间，农业产值有大幅提升，从1984年的2 316.1亿元，上升到1991年的5 342.2亿元。而从农业内部结构来看，粮食的人均产量从392.8千克下降到378.3千克，棉花的人均产量从6.0千克下降到4.9千克，水产品人均产量从6.0千克上升到11.7千克，水果人均产量则从11.1千克（1985年数字）上升到18.9千克，牛奶的人均产量从2.4千克（1985年数字）上升到4.0千克，禽蛋的人均产量从5.1千克（1985年数字）上升到8.0千克。这一态势充分说明，农业结构调整在基本保障粮食自给的前提下逐步走向多样化和高附加值化。在农产品进出口贸易方面，农产品进出情况也体现出了中国农产品生产结构的调整。

1984~1991年，活猪出口从308万头减少到285万头，大米出口从116万吨减少到69万吨，棉花出口从19万吨起步，先增后降为20万吨，蔬菜出口从52万吨增长到104万吨，水果出口从17.4万吨开始增长，只是在1991年突然下降到16万吨，水产品出口从12.4万吨增长到37.8万吨。同期，进口方面主要品种有小麦，从987万吨增长到1237万吨，玉米从5.5万吨减少到0.1万吨，大豆从极少量增长到0.1万吨，棉花从4.0万吨增长到37.1万吨，食用植物油从1.4万吨增长到61.2万吨。

第二阶段（1992~1999年），在保障粮食安全、优化品质、调整结构基础上，提高农业生产效率。

1992年年初，邓小平"南方讲话"和党的十四大召开，确立了社会主义市场经济体制，推动了农业和农村经济的进一步发展。为了进一步推动农业的改革开放，1992年9月，中共中央、国务院发布《关于发展高产优质高效农业的决定》，提出农业要以市场为导向，调整农业产业结构，发展高产优质高效农业。1993年年初，山东省潍坊地区首次提出了农业产业化。在此背景下，1993年3月，家庭联产承包责任制和双层经营体制正式列入《中华人民共和国宪法修正案》。1993年7月，政府发布《中华人民共和国农业法》，进一步确立了家庭联产承包责任制的地位，并为农业产业化发展提供了制度保障。1993年11月，《中共中央、国务院关于当前农业和农村经济发展的若干政策措施》提出土地承包期再延长30年。以上政策保障了农村土地承包制度的基本地位，极大地调动了农民的生产积极性。此外，为进一步推进市场化改革，国家对粮食等主要农产品流通体制进行了改革。

1994年，国务院发布《关于深化粮食购销体制改革的通知》，将计划经济时期的粮食统购统销改为政策性业务和商业性经营相结合的运行机制。

1995年，《国务院关于深化粮食棉花化肥购销体制改革的通知》明确提出坚持和完善省长负责制。在这个阶段，市场机制对农业资源配置发挥着越来越重要的作用。除了棉花和部分订购的粮食外，农产品市场基本放开，以完全市场化的价格进行体制改革，一批有关农村市场建设的法律法规出台。

1996年，《中共中央、国务院关于"九五"时期和今年农村工作的主要任务和政策措施》强调了贸工农一体化和农业产业化在农业商品化、产业化、现代化中的作用。长期以来，中国的农产品市场一直是政府调控的重点。特别是农产品价格，一直被抑制在较低的区间。即使在取消主要农产品供给限额制度后，农产品价格也大多维持在较低范围之内。随着粮食生产的扩大、产量提高和供给充足，粮食价格在改革后的市场价格机制作用下受到压制。鉴于国内市场粮食价格偏低影响农业生产积极性的情况，中央及时做出了调整。

1990年，国家成立粮食储备局，实施了粮食最低保护价制度。自1991年起逐步提高了城镇居民粮食平均销售价格和统购粮价格。1993年，建立粮食风险基金，健全了粮食储备体系。与此同时，中央扩大了对农业的投入，重点扶持水利等惠及面较广的公共基础设施，以专项贷款支持高产、优质、高效农业发展。具体而言，包括六个方面：

第一，在种植业方面，推广高效种植模式，在南方农业区域推广将粮食、经济作物、蔬菜与瓜果等结合起来的高效复合种植模式，在全国范围内推广种养结合的交叉模式。

第二，在养殖业方面，发展养蜂、养鳝、养蛇、养蝎等高效的特种养殖。

第三，推广高产优质、低耗多抗的高效作物品种。1992~2000年，江西、湖南和湖北等省推广面积较大的高效优质水稻品种。

第四，推广高效技术和低成本的轻型栽培技术，推广少耕、免耕、覆盖、间混套作和轮作等保护性耕作技术，推广"避洪农业""以草抑草"等生态减灾技术，降低生产成本，保护生态环境。

第五，加强农地工程建设，建设高效农田，通过平整农田、培肥土壤，改善灌溉条件，消除土壤有毒、有害物质。

第六，进行结构调整，扩大高效经济作物的种植面积，适当压缩粮食作物种植面积。

在此背景下，这一时期的粮食生产稳步提高，一些地区涌现出"千元田""双千田""万元田"和各类"高效农田"。与此同时，农业结构得到进一步改善，农业产值也得到大幅提高。在此期间，农业产值从1992年的5 866.6亿元，上升到1999年的89 677.1亿元。而从农业内部结构来看，粮食的人均产量从380千克上升到405.8千克，而且连续四年达到了联合国粮食安全人均400千克充分保障的标准，棉花的人均产量从3.9千克下降到3.1千克，水产品人均产量从13.4千克上升到28.5千克，水果人均产量则从20.9千克上升到49.8千克，牛奶人均产量从4.3千克上升到5.7千克，禽蛋人均产量从

8.7千克上升到17.0千克，猪牛羊肉人均产量也在1999年达到38.0千克。

在农产品进出口贸易方面，1992~1999年，活猪出口从290万头减少到196万头，大米出口从95万吨增长到271万吨，棉花出口从14万吨起步，先降后升为29.2万吨，蔬菜出口从138万吨增长到225万吨，水果出口从14.6万吨增长到73万吨，水产品出口从44万吨增长到109万吨。同期，进口方面主要品种有小麦，从1 058万吨减少到45万吨，玉米从忽略不计增长到7万吨，大豆从12.1万吨增长到431.7万吨，棉花从28万吨减少到5万吨，食用植物油从42万吨增长到208万吨。

三、农业快速发展期（2000年至今）

改革开放以来，中国农产品进出口贸易日益活跃。1982年11月，中国即已作为GATT（关税及贸易总协定）观察员，出席缔约方年度会议。1986年，中国提出"复关"请求之后，参加了乌拉圭回合谈判，并签署了最后文件。此后，中国农产品进出口更加活跃，随着国内政策的调整，农业生产结构得到优化。

进入21世纪，中国政府提出了更加宏伟的建设目标，并进一步深化改革，推动开放。1999年，中美就中国加入WTO（世界贸易组织）问题达成协议，中国农业生产实质上已经进入开放的国际市场。因此，在2001年12月中国正式加入WTO之前，在国际市场和国内政策的双重影响下中国农业在提高产能和调整结构方面已展开工作。

加入WTO后，中国农业生产的环境发生了较大变化。其中，直接推进中国农业发展的因素主要有如下四个方面：

第一，中国农产品出口环境得到改善，能够享受到最惠国待遇条件和

WTO给予发展中国家的优惠待遇，利用有关制度和机制等解决贸易争端，减少歧视性待遇。

第二，中国农业充分利用国际农业市场，调配资源，解决国内生产短板，加速调整农业产业结构。一方面，进口粮食、棉花等资源密集型、获利比较低的农产品；另一方面，出口如水果、蔬菜和畜产品等劳动密集型、具有比较优势且获利比较高的农产品。

第三，进一步拓宽中国与世界主要农业大国的交流和合作渠道，提高中国农业科学技术水平。一方面可以更有利地引进和利用外资，利用世界主要农业大国先进的农业生产技术，不断提升中国农业管理水平和生产水平，提高其农产品质量；另一方面，可以进一步更为紧密地加强中国与世界主要农业大国农业教育、科研和技术的交流和合作，在提高农业科技进步贡献率的同时带动农业生产能力，增强农业综合素质。

第四，利用加入WTO的契机，进一步深化中国农村经济体制改革。一方面，根据WTO的规则，按照国际规范和市场经济基本规则，深化改革农业和农村经济体制，建立健全农业宏观调控体系；另一方面，加快农产品外贸体制和国内流通体制改革。

加入WTO也使中国农业发展面临挑战，这些挑战将推进中国农业为适应国际市场竞争加速调整，最终增强农业竞争力。

第一，加入WTO后，中国将逐步开放国内农产品市场，根据WTO的相关规则，加入WTO后需要取消非关税措施，而进出口只能通过关税措施。根据相关规定，中国承诺农产品进口和销售无须通过国有企业和中介机构，取消对大麦、大豆、油菜籽、花生油、葵花籽油、玉米油和棉花籽油的进口关税配额制。这使一些比较优势不强的农产品面临冲击。从农作物品种看，糖料、玉米、棉花和大豆等耕地密集型、获利较低的种植业冲击较为明显；从对不同地区和经营方式农民的影响看，东北地区和华北地区是大豆和玉米生产区，这些农产品进口的增加将给这些地区带来一定压力；从农产品流通渠道来看，如果南方市场直接从国际进口玉米等农产品，而没有从东北和华北等地区调入，不仅会造成农民收入下降，而且也会使农产品流通产业等相关支持产业受到影响。

第二，加入WTO后，中国农业发展政策调整的空间受到制约，农产品价格保护制度、生产资料价格补贴和农民收入支持等都必须进行调整，以不断符合WTO农业协议的规则。根据相关协议规定，中国对农业市场支持水平有数量性的控制标准。其中，农业补贴（出口价格补贴）的上限为8.5%，农资价格补贴等要控制在农业生产总值10%以下。由于我国农业整体规模较大，农业人口数量多，这明显不利于我国通过农产品价格、收入等政策调控农产品市场和生产成本，也不利于增加农民收入和调动农民生产的积极性。

第三，粮油等农产品进口的增加加重了国家外汇的支出负担。在世界范围内，由于WTO框架广为接受，农产品贸易自由化程度不断扩大，各国政府对农业生产和农产品出口补贴等都在相应减少，世界农产品价格呈现上涨趋势。而随着中国农产品市场开放程度的加大，大量国外低价优质的农产品进入国内市场，增加了中国进口农产品的外汇开支。与此同时，中国的工业化、城市化对农业的侵蚀也逐步凸显出来。耕地和淡水资源日趋紧缺，农药、化肥的大量使用使土壤质量下降，工业污染、城市污染加剧了生态环境的恶化。庞大的农村人口在提高农业生产力的同时也带来了大量的农村剩余劳动力，增加了就业压力。农业生产成本增大，边际效益下降，农民收入提高也面临较大阻力。

2002年颁布了《农村土地承包法》，明确规定了土地承包的年限为30年，草地的承包年限为30~50年，林地的承包年限为30~70年。同时，家庭承包的土地经营权可以转包、出租、互换、转让或以其他方式流转。这就为农业生产向规模化方向发展排除了制度障碍。

2004年，国家颁布了《粮食流通管理条例》，鼓励多种市场主体参与其中。特别是对农业的财政投入政策实现了"一减三补"，减免农业税，实施粮食直补、良种补贴和农机具补贴。2006年彻底取消了农业税。这些政策减轻了农民负担，保障了粮食生产，提高了农业机械化程度。

四、"入世"后的农业发展

在上述背景下，中国农业经济获得稳步发展，不仅基本巩固了国家安全保障力，也逐步提高了国际市场竞争力。

2001~2005年的"十五"期间，在科技进步的推动下，农业生产的专业化程度不断提高，一体化经营也得到发展，出现了混合经营的农业经济形式。2005年农林牧渔业总产值达39 451亿元，比2000年增加14 535亿元，年均增长5.3%；农村居民人均纯收入由2000年的2 253元增加到2005年的3 255元，增加1 002元，增长率44.4%，5年平均递增7.6%，扣除价格因素，年均实际增长5.2%，比"九五"期间年均增速快0.5个百分点。同时，农业结构调整取得成效，由追求高产增长模式逐渐向高产、优质、高效并重的模式转变，由满足温饱需求的生产方式向实现高附加值、高创汇率以提高经济效益的生产方式转变。其中，种植业比重下降，畜牧业比重上升。高效经济作物快速发展，成为农业新的增长点。农产品品种和品质结构不断优化，优质专用农产品快速发展。农业生产布局优化，主要农产品逐步向优势产区集中。2005年与2000年相比，种植业所占比重由59.5%下降到56.7%，畜牧业所占比重由24.9%上升到28.8%，提高了3.9个百分点，渔业、林业比重略有下降，分别下降了0.8和0.3个百分点。

2000~2005年，人均粮食产量从366.0千克上升到371.3千克，人均棉花产量从3.5千克上升到4.4千克，人均油料产量从23.4千克上升到23.6千克，人均糖料产量从60.5千克上升到72.5千克，人均猪牛羊肉从37.6千克上升到42.0千克，人均水产品从29.4千克上升到32.8千克，人均水果产量从49.3千克上升到123.6千克，人均牛奶产量从6.6千克上升到21.1千克，人均禽蛋产量从17.3千克上升到18.7千克。特别是农产品进出口得到了快速增长，五年间农产品进出口总额达2 065.8亿美元，比"九五"时期增长71%。中国作为农产品贸易大国的地位开始凸显出来。2004年农产品出口233.9亿美元，占世界农产品出口总额的3.1%，排在世界第五位；农产品进口280.3亿美元，占世界农产品进口总额的5.1%，排在世界第四位。中国农业与国际市场的结合更加紧密，"十五"期间的农产品进口总额为999.7亿美元，出口1 066.1亿美元，农业的对外贸易依存度和出口依存度为18.3%和9.4%，比"九五"时期分别提高了4.3和1.0个百分点。而且，农产品进口逐步扩大。2005年农产品贸易逆差为11.4亿美元。

2006~2010年的"十一五"时期，中国农业发展经历了重大自然灾害、粮食危机、能源危机和金融风波以及国际市场农产品价格大幅波动的严峻考验。中央政府积极应对，出台了一系列农业支持政策，使农业生产保持了平稳较快的发展势头，形成农业增产、农民增收、农村发展的良好局面，取得了令举世瞩目的成就。具体体现在：

第一，农业综合生产能力稳步提高。主要农作物良种覆盖率达到95%以上，主要农产品供给从过去"确保粮食安全"发展为供需总体基本平衡，粮食人均产量从2006年的379.9千克增长到2010年的408.7千克。2010年，粮食总产量达到54 648万吨。

第二，农业结构日趋合理，各种农产品全面发展，水产品、水果、畜产品等也稳步发展。农业和农村经济的综合效益显著提高。2006~2010年，人均棉花产量从5.7千克下降到4.5千克，人均油料产量从20.2千克上升到24.2

千克，人均糖料产量从79.8千克上升到89.8千克，人均猪牛羊肉从42.7千克上升到45.8千克，人均水产品从35.0千克上升到40.2千克，人均水果产量从130.4千克上升到160.0千克，人均牛奶产量从24.4千克上升到26.7千克，人均禽蛋产量从18.5千克上升到20.7千克。

第三，农产品进出口贸易继续发展，但贸易逆差态势日益明显。"十一五"期间，农产品贸易总额达到4 543.7亿美元，比"十五"期间增长了119.9%。2010年，农产品出口额为494.1亿美元，进口额达726.5亿美元，逆差231.4亿美元。中国农产品出口的主要农产品为活猪、大米、棉花（原棉）、蔬菜、水果、水产品，进口的主要品种为小麦、玉米、大豆、棉花（原棉）、食用植物油。2006~2010年，出口活猪数量从172万吨，经小幅回落，恢复到172万吨，大米出口从124万吨减少到62万吨，棉花出口从1.3万吨减少到0.5万吨，蔬菜出口从568万吨增长到655万吨，水果出口从198万吨增长到300万吨，水产品出口从194万吨增长到243万吨。同期，小麦进口从61万吨增长到123万吨，玉米进口从4万吨增长到157万吨，大豆进口从2 824万吨增长到5 480万吨，棉花进口从364万吨减少到284万吨，食用植物油进口从669万吨增长到687万吨。

2008年以来，国际金融危机持续蔓延，国际市场主要农产品出现需求萎缩和价格回落的趋势，影响了国内农产品生产，造成了部分农产品出口受阻和进口增加。加上国际金融危机的影响，造成国内经济增速放缓和内需减弱等因素，农产品价格出现波动，优势农产品出口受阻以及加工业发展困难加大，农产品质量安全问题频发，对农业生产都带来了一定的冲击。2011年，农业产值达到47 486亿元。2012年，农业生产进一步发展，粮食生产实现了"九连增"。

第五章

发达国家发展现代农业经验

本研究重点选取了美国、加拿大和日本现代农业的发展进行研究，根据中国现代农业发展面临的问题，借鉴发达国家现代农业发展经验，为中国现代农业发展提供一些现实参考。

一、美国现代农业的发展

美国共有52个州，3 042个县，国土总面积约为937万平方千米，其中耕地总面积为1.87亿公顷，大约占国土总面积的20%，人均耕地面积0.63公顷，约为世界人均耕地面积的3倍。同时，美国还有牧场5.6亿公顷。美国总人口为3亿，其中从事农业的人数占总人口数的0.9%，大约为279.1万人。美国土壤肥沃，自然资源丰富，气候条件优越，具有发展畜牧业和农业的基础条件，加上美国政府财政、农机工业以及科学技术等对农业的大力支持，虽然美国人少地多，劳动力较为短缺，但根据美国农业专家的估计，美国平均每个农民可以养活98个本国人和34个外国人。美国是世界上农业最发达的国家，美国2005年GDP就达到了14.487万亿美元，其中农业产值大约为

0.25万亿美元，约占GDP的1.7%。美国也是世界上第一大农产品出口国且美国农产品世界竞争力强，2006年美国农产品出口额达到了770亿美元，其农产品出口量大约为生产总产量的50%。同时，美国农产品在世界市场上占有很大比重，如玉米约占70.0%，大豆约占50.0%，小麦约占11.6%，棉花约占21.2%。2007年美国农户连续11年超过美国平均家庭收入，农户的平均家庭收入达到了8.4万美元。

美国在现代农业发展方面主要有以下几点成功经验：

1. 大力发展家庭农场

美国大力发展了一大批具有高度商业化的家庭农场，形成了以家庭农场为主的现代农业发展模式，促进了现代农业的快速发展，成为现代农业生产的主要组织形式。数据统计，2007年美国共有220万个家庭农场，平均经营面积为418英亩。其中，86.5%的农场完全是由个人性质的农场主所有，8%的农场是合伙制农场，3.9%的农场是以家庭为主、具有合作性质的农场，1.3%的农场是公司农场。小型农场占整个农业资产的70%，数量超过了90%。如果是销售额小于25万美元的小型家庭农场，它可以分为居住生活型农场、资源有限型农场、高销售额的耕种型农场、低销售额的耕种型农场和退休休闲型农场五种类型。美国大型农场分为非家庭农场、超大型家庭农场和大型家庭农场三种类别。最近几年来，公司农场的发展速度很快，数量大约达到7万个，公司农场的销售额和面积所占的比例越来越大。

2. 规模经营和机械化生产

美国农业生产是以家庭农场为主体，这决定了美国农业需要开展规模经营和机械化生产。数据显示，年产值在5万美元以下的农场，农业产值只占所有农场的农业产值的9.5%，但农场数却占总农场数的74.1%；年产值在5万~25万美元的农场的农业产值也只占所有农场的农业产值的31.3%，但农场数占总农场数的20%；而年产值在25万美元以上的农场的农业产值占所有农场的农业产值59.2%；但农场数却只占总农场数的5.9%。通过以上这些农业产值的数据可以得出，美国农业经营规模有非常显著的规模经济优势。虽然美国家庭农场的经营规模都比较大，但平均每个农场的劳动力却很少，如530~1 333平方千米的农场，只有2~3个劳动力，其根本原因在于家庭农场的农业生产主要是利用机械化进行。用另外一种说法来讲，美国现代农业的发展是利用农业机械化的过程。美国农民不仅能驾驶卡车在田地巡视农作物生产情况，也能操作各种农业机械在地里耕种。因此，美国2007年全国收割脱粒机数共有34.7万部，各种大小农用拖拉机数共有439万部，拥有世界上最多的农用拖拉机，在农业生产过程中已经全面实现机械化和规模化生产，可以广泛在农场中利用机械进行播种、灌溉、整地、施肥、收割等生产活动。美国现在将卫星通信、遥感技术以及电子计算机等最新的高科技技术广泛应用到农业，实现了现代、最新的农用机械无人驾驶和自动化，能够更加精确地操作各种农用机械，从而大幅提高了农业生产效率，增加了农民收入。

3.政府的大力支持

美国各级政府制定了如金融机构信贷支持、农产品价格补贴、政府优惠的税收政策、立法保障和农业贸易保护等各种扶持农业发展和家庭农场发展的政策，有的政策还通过立法形式对发展现代农业提供支持服务。一是金融机构的信贷支持。美国40%左右的农业投资和70%左右的农场都是通过金融机构信贷方式获取所需的发展资金。美国金融机构可以为农场主提供诸如购买肥料、农药、种子、饲料和牧畜等短期或者长期的资金需求，即金融机构发放短期或长期的农业生产贷款。金融机构也为农场提供购买农机具和土地、修建房舍和改良土地等所需的资金，即金融机构为农场主发放长期抵押贷款。二是农产品价格补贴。美国政府采取土地休耕补贴、农产品价格补贴等各种"工业反哺农业"的补贴政策，支持农场主发展农业生产，尤其是生产小麦、稻谷、棉花等大宗农产品。三是政府优惠的税收政策。在美国，农业投资被人们认为是合法"避税所"，因为美国政府规定农民在投资税、财产税、个人所得税等方面有优惠政策。四是立法保障。美国国会通过立法，制定了大量法律，为农业生产提供保障和支持服务。美国各项法律不仅对农场主和农业生产企业的行为进行了规定，也对政府干预农业政策、农业经济发展的行为等方面进行了规定。五是贸易保护支持。美国政府为了保护农产品在国际市场上的竞争力和扩大农产品出口量，采取了贸易控制计划、出口加强计划和农产品出口补贴等政策，使美国成为最重要的农产品出口国之一。

4.实行专业化生产

美国农业发展迅速的重要推动因素之一是农业进行专业化生产，形成特色的农业发展模式。美国农业在1914年就形成了世界闻名的、具有各地特色的农业生产带与发展模式，当时已经大幅度地实现种植专业化。从目前来看，其农业生产带的基本格局没有发生明显的改变。一是南部棉花带。南部棉花播种面积超过了160万公顷，集中了美国1/3左右棉花的种植，其棉花产量是美国棉花总产量的36%，总共涉及5个州。二是中部地区和北部地区的小麦带。该小麦带的小麦播种面积是美国所有小麦播种总面积的70%左右，总共涉及9个州。三是中北部玉米带。该玉米带是美国最著名的作物生产带，也是世界上最大的玉米生产区，总共涉及8个州。四是东北部和"新英格兰"的牧草和乳牛带，提供了大量的新鲜奶牛和产品，总共涉及12个州。五是太平洋沿岸综合农业区。美国各个农业生产带都是充分利用当地比较优势的自然资源，进行规模化和专业化的农业生产，从而形成了独特的区域农业生产布局，有利于提高农业生产效率和降低农业生产成本。并且农业带的农业生产活动主要依靠专业的公司进行，专业公司承担起农业生产和农业经营的每个环节，提供社会化和专业化的各种服务，这些服务包括产前的种子、化肥、农药等生产资料，生产中的施肥、播种、耕地、灭虫、除草、收割等环节，生产后的加工、筛选、运输、包装、销售等环节，还可以包括农业生产过程中需要的信息、资金、技术、保险等。在现代农业发展过程中，专业化程度和产业化程度越来越高，农业生产效率得到大幅度提高。

5.建立完备的农业教育、科研与技术推广体系

美国农业非常发达，最大成功得益于政府一直把农业教育、科研和技术推广作为重要工作，在全国建立了完备的"三位一体"的体系。美国的农业类大学遍布全国各地，总共有100多所，而且还有各种成人教育网，不仅上课时间灵活，教学内容也很齐全，涵盖了农业生产经营管理、农业的所有产业类型、农业生产以及加工技术等。这为美国现代农业发展培养出了一大批高素质的专业人才。美国50%左右的农场主接受过高等教育，拥有较高的文化程度，很多农场主是农业专家和高技术农业人才。另外，美国农业科研体系分为私人企业科研机构和非赢利机构、州农业实验站、联邦农业部科研机构等各个层次。不同于美国工业技术研究，大部分农业研究项目不是由私人企业承担，而主要由政府资助的公共研究机构进行，而且各个层次之间相互协作与配合。美国研究机构每年向市场推出有

1.2万～1.5万种的新食品种类。与此同时，组建现代农业技术推广中心，由科研院所、政府部门、农场主和农业技术推广部门等组成，农业技术推广中心的推广经费由地方政府、州政府和联邦政府按一定的比例承担。

二、加拿大现代农业的发展

加拿大国土面积大约为998.467万平方千米，大约为世界总面积的6.1%；可耕地面积大约为国土总面积的16%，大约为全球可耕地总面积的6.5%；全国土地总面积的10%为淡水覆盖面积；全国土地总面积的44%为森林覆盖面积；全国土地总面积的8%为已耕地面积。数据显示，2009年加拿大平均每个农场土地面积为170公顷，全国总共有220万个农场。2010年农业劳动力总人数仅占加拿大全部就业人口数的1.4%，大约为205.6万人。平均每个农场大约只有1.07人进行农业生产，这说明目前加拿大农业生产效率、机械化程度与农业现代化程度都比较高。玉米、小麦、油菜籽、烟叶等产品是加拿大的主要农产品，猪肉、牛肉、奶制品等产品是加拿大的主要畜产品。加拿大人均粮食产量居世界第一，粮食总产量仅次于美国、中国和印度。每个加拿大农业劳动力大约可提供3 000千克猪肉，26.8万千克粮食，近2.6万千克奶，4 800千克牛肉，每年大约可以供养120人。目前加拿大经济的重要组成部分是农业经济，其主要出口产品为农产品。农业创造出来的产值大约占加拿大GDP的3%，仅农业产值就有几百亿加元。其中，大约70%的小麦产量和20%的大麦产量用于出口。

加拿大在现代农业发展方面主要有以下几点成功经验：

1.发展家庭农场的特色农业发展模式

加拿大现代农业发展较快，得益于该国大力地发展现代家庭农场。目前家族式农场是加拿大农业生产的基本单位。当前全国总共有25.4万个家庭农场，平均经营规模大约为300公顷。政府为农场主提供种苗信息、防病虫害等农业生产技术支持。同时，政府还资助农场主购买大型农机具和进行农业设施建设，所以加拿大的家庭农场不仅拥有非常便捷的交通运输系统和完善的农业基础设施，还有世界先进的农产品安全生产和管理水平，从而形成了家庭农场的经营发展模式，促进了现代农业的发展。

2.政府非常重视科技对农业发展的支撑作用

加拿大非常重视科技对农业发展的支撑作用，政府财政对农业教育和农业科技的投入力度很大。针对现代农业发展过程中出现的生态环境恶化、水土流失和资源利用效率低等多种问题，加拿大政府通过利用农业生物技术培育优良品种与提高农业发展科技含量的方式推进"可持续农业"的发展，在农民中推行可持续发展的农业生产方式。一是加拿大政府对农业科研投入强度一直以来都是比较大的，一般都大于2%，在农业科研方面的投入处于世界领先水平。加拿大自然科学工作者中农业科技人员占科技人员总数的28%左右，排名世界第一位，农业科研的总支出占联邦政府自然科学总支出的12%。这为现代农业发展提供强大的资金和技术扶持。二是加拿大建立了联系紧密与配合密切的农业科研体系，包括各农业大专院校、农业企业、各省农业厅和联邦农业部等农业科研单位。各农业大专院校设置有专门的农业经营和农业生产技术的课程，他们的教学人员同时广泛开展有针对性的科学研究。农业部里面最重要和最大的农业科研机构是农业部下设的科研局，在全国各个地区还有研究站。这些单位不仅为现代农业的发展提供了强大的技术支撑，也培养了大量的实用型农业技术人才。三是加拿大政府非常重视农业科技的推广与应用。1996年，加拿大农业部成立了国家农业研究、农业科研攻坚战略计划署以及教育和经济顾问委员会。加拿大政府还不断制定新的农业研发、推广以及应用计划。

3. 制定法律法规为农业发展提供保障作用

加拿大政府通过制定各项法律法规为农业发展提供保障作用，不仅有利于加强对农业的保护和明确农业的基础地位，也有利于增强农产品在国际市场上的竞争力。比如1912年加拿大国会通过《谷物收购和质量检验法》，在该法律中规定了出口小麦的蛋白质含量必须达到13.6%，以此提高和保障出口小麦的质量。为了确保农业的基础地位和促进农业发展，1933年加拿大政府制定了《农业调整法》。为了加强大草原各省发挥保障国家粮仓的重要地位和作用，1935年加拿大政府制定了 《草原农场复兴法》。目前加拿大农业法律体系已经相当完善，而且涵盖内容也非常全面，包括农村经济发展、农产品贸易、农业科学研究开发、农业技术推广及应用、农业市场、农业教育、农业资金投入、农产品价格保护、农业环境和资源保护、农业保险等多个方面。完备的农业法律不仅保障了国家粮食安全和农产品的数量和质量，促进了农产品的出口，也从根本上维护了农民拥有土地的使用、收益、处分和占有等各项权利。加拿大的省级政府和联邦政府都各自有自己的权利和职责范围，并设置了相关部门对农业发展制定扶持政策或者实施干预。省级政府主要负责实施有关农业技术咨询、农业技术的推广及应用、实施上级政府的有关农业政策等职责。如加拿大小麦局的主要职责是预测小麦价格走向与基本市场情况，管理日常小麦生产、运输、加工、零售等各个环节，制定政策引导农民进行小麦种植，等等。而联邦政府主要负责制定农产品销售、价格稳定，向生产者提供保险、信贷资金和其他援助等各项政策，进行农业科学研究开发、制定农产品质量安全标准等工作。

4.大力发展农业合作社

农业合作社是加拿大农业非常重要的组成部分之一，在加拿大现代农业的发展过程中发挥着重要影响。加拿大农业合作社主要包括三大类别，分别是生产与服务合作社、销售合作社和农资供应合作社。其中，提供农业机械服务农业生产和提供各种生产资料销售服务的是生产和服务合作社，加工和销售粮食、油菜籽、蔬菜、乳制品、禽蛋、水果等主要农产品的是销售合作社，提供种子、化肥、农药等农业生产资料的是农资供应合作社。农业合作社的组织形式由众多的农业生产者共同组成。通过合作社，能够把分散的农业生产者集合在一起，有了与大市场进行谈判的权利，可以确保农产品在国内市场和国际市场的竞争力。同时，农业合作社能够为农业生产者提供农产品价格变动与预测报告、农产品市场销售信息、农产品质量的检测标准、农产品质量安全等内容。比如，安大略省养牛合作社，由政府管理人员、农场主和各县推选农业方面的专家学者组成养牛合作社管理委员会，管理人员有50人，养牛合作社根据信息网络系统中最新的市场需求动态，能够准确、及时地为农业生产者、农业科研工作人员、农业专家等提供市场信息，并根据这些信息来及时调整农产品的产量和价格。

5.培养高素质与高技能的农业生产人员

在加拿大，大多数农业生产人员接受过国家农业高等教育或者参加过农业方面培训中心的相关农业生产技能与知识培训。比如，目前ILMS国际教育学院已经在加拿大开展了18年的现代农业技术的培训工作，全国共有4个培训分中心。据相关数据统计，该培训中心已为全世界80多个国家提供了各种农业技术方面的培训，包括动植物的胚胎移植，牛、羊、猪等动物的饲养管理、疫病防治、人工授精等内容。由于大多数农业生产人员都具有较高的文化素质、较强的实践能力和业务管理能力，能够通过互联网获得各种农业政策信息和市场信息，能够通过上网获得继续教育和先进的农业生产技术，能够运用计算机进行生产管理，能够操作、维护和监控农业生产机械设备，能够对动物疫病进行防治等。因此，加拿大的农业生产人员不仅是农场生产的农业劳动者，也是农业经营管理者。

三、日本现代农业的发展

日本国土面积比较狭小，岛内多山地少平原，可耕种的农田面积少，自然资源相对贫乏，人口密度大。日本人口1.2亿左右，大约为世界总人口的2.2%，而国土面积却只有37.2万平方千米，耕地面积仅占到世界总耕地面积的0.4%左右。目前日本人均耕地面积只有世界平均数的13%左右，人均耕地面积不足一亩。因此，日本所面临的问题历来都是人地之间的严重矛盾与农地资源的稀缺。但日本通过专业化生产、组织化生产、集约化经营和实行小型机械化的形式，实现了在小农背景下发展劳动密集型的农业生产方式，通过不断提高土地生产率和劳动力生产率，使日本农业的发展水平已到达了世界先进水平。其中，还有很多农业生产的指标已远远领先于其他发达国家，甚至排名世界第一。

日本在现代农业发展方面主要有以下几点成功经验：

1.发展"一村一品"的农业发展模式

日本发展现代农业的成功是从1979年大分县开始的"一村一品"运动，慢慢形成了"一村一品"的特色现代农业发展模式。"一村一品"是指以各地具有的特色资源为基础，从当地的实际情况出发，每个村庄开发能够在一定范围内居销售前茅的、各具地方特色的、经济效益好的拳头产品。拳头产品可以是观光、民俗等文化产品，也可以是鲍鱼、柑橘、苹果、大螃蟹、苦笋等农产品。日本政府通过充分发挥各地各具特色的自然资源，开发当地特色的优势农产品和对农产品进行深加工，不断发展与壮大具有地方特色的农业产业带与发展模式，并且逐步做大、做强，创建全国乃至世界的知名农产品的品牌，从而达到提高农民收入和促进当地农业经济发展的目的。同时，政府也培养了一批具有全球战略眼光的、富有挑战精神的地区农业带头人。日本通过"一村一品"运动，发展了"一村一品"特色农产品，带动了当地现代农业的发展，同时也对改变日本传统农业经济结构、提高农民收入等发挥了非常重要的作用。当前，"一村一品"的特色现代农业发展模式正慢慢被世界很多发展中国家学习与借鉴，其影响力已远远超出大分县，甚至超出日本。

2.政府大力支持现代农业发展

由于日本实行的是小农经营，农民无法承担起发展现代农业所需的巨额资金。因此，发展现代农业在很大程度上需要政府财政的投资。日本是所有发达国家中对农业保护力度最高的国家之一。日本政府通过雄厚的财政实力对现代农业给予了大量的支持，对农业的投资已超过国民经济总投资的40%，用于农业的投资高达农业总产值的15倍之多。日本的土地改良、农业项目开发、农业科学技术发展、农业现代化装备的购置和农田水利设施建设等支出，只有很少部分由农民自己承担，绝大部分的支付是由政府财政承担。据相关统计数据显示，日本政府每年支付给农户的生产补助金在500亿~600亿日元，财政的各种补贴大约为农户年收入的60%。日本对农业生产给予各种补贴，其中对小麦、马铃薯、大豆、甜菜等农作物的种植补贴都超过了50%。

3.建立完善的农村金融市场体系

目前，日本已经建立了农协金融与政策性金融紧密联系在一起的、功能互补的、完善的农村金融市场体系。日本政府制定相关政策鼓励农协金融与政策性金融向农业和农民发放支农贷款资金，并且承诺对那些长期发放低息或无息的涉农贷款支持现代农业发展的金融机构给予优惠的利率政策，对造成损失的金融机构给予一定比例的补偿。农协金融主要是解决农民购买种子、化肥、农药等生产资料出现的资金不足问题，满足农民短期流动资金的需要。而政策性金融主要承担着大型涉农企业能力建设、耕作机具的购置和更新、农业技术的不断更新换代、土地开垦、农村基础设施建设等中长期融资的重要任务。日本农民通过利用农协系统、农林渔业金融公库等获得"农业改良资金无息贷款""农业近代化资金贷款"等农业生产需要的金融资金，满足了农林牧渔业生产和农业技术现代化所需要的资金需求，有效地支持了现代农业和农村经济的发展。

4.不断完善农业法律体系

日本政府通过立法确保农业的基础地位和重要作用，并通过不断完善农业法律体系支持与保护现代农业的发展，从而对促进农业发展产生了积极影响。在早期，日本就已颁布了《蚕种检查法》《奉井地整理法》《肥料管理法》

等法律，对种子选取、耕地整理、化肥的使用等进行规范，促使优良品种和先进耕种方式的推广及应用。1947年日本颁布了《农业协同组合法》，从法律上规定农协的性质、地位、服务标准等内容，为小农经济实施组织化生产提供了法律保障。随后，日本颁布了《农协会并助成法》《农业协同组合财务处理基准令》等法令进一步促进农协的发展。同时，日本也颁布了《主要农作物种子法》《农业改良助长法》等法律促进现代农业的技术进步，制定《农业保险法》《农业损失补偿法》等法律降低农户发展农业生产的风险，实施《农地法》《农业基本法》等保护农业发展的耕地。

5. 充分发挥农协的作用

日本农协在促进农业和农村经济的发展中发挥了举足轻重的作用。99%以上的日本农民都是农协的成员，农民通过参股的方式，按照自愿原则加入农协，享受农协的各种服务。全国农协分为综合农协和专业农协两种组织形式，还可以分为全国农协、县级农协、基层农协等自上而下的三级网络，目前已经形成了比较健全的、遍布整个乡村的、全国统一的农协管理组织体系。日本农协具有"民办、民管、民受益"的特点，是农民自己的合作经济组织，同时农协的负责人由农民自己选举产生。农协具有强大的、全面的社会化服务功能，可以为农协会员提供产前、产中、产后全方位服务，包括购买生产资料、指导农业生产、销售农产品、加工农产品、保险服务和信贷服务等一系列的服务，促进了日本农协快速的发展。而且，农协是全心全意为农民服务，不以盈利为目的，在农户与农户、农户与大市场、农户与政府、农户与企业之间架起了一座桥梁，克服了大市场与小生产之间的矛盾，可以促使农业竞争力与农业生产经营效率得到极大提高。

6.建立完善的农业科教体系

目前，日本在全国范围内已经建立了教育、科研、推广等多个层次的、完善的农业科教体系，为现代农业的发展培养了一大批高素质经营管理人才和实用型农业技术人才。1976年，日本就已实施普及高中教育的方案，目前有50%以上的高中毕业生可以继续求学深造，主要原因在于日本有很多与农业相关的高等教育院校。全国共有434所农业职业院校，共有60所含农学专业的大学。同时，日本的相关部门还在全国各地经常举办多种层次、多种内容以及多种形式的短期培训班，向年轻的农业生产者提供农业生产知识、农业经营与管理知识以及先进的农业科学技术等内容的培训。同时，日本在各个地区成立了各种地方级试验场所、农业科研机构以及农业改良普及所，并以国家农林研究中心为核心，改良农作物品种和质量、广泛应用农用机械、改进农作物栽培方法。同时，中央政府每年用于技术推广的经费支出约占农业总预算的1.2%（约为350亿日元），有力地帮助了农业科研单位将农业技术与科研成果推广给广大农业生产者，并组织举办各种农业方面培训。因此，日本农民通过充分利用小型农业机械，并在化学科技、基因技术、生物技术等先进的农业科学技术的帮助下，实现了对土地的精耕细作，从而提高了土地生产率和劳动生产率。

第六章

中国现代农业的目标与任务

中国现代农业目标既要注重短期目标，也要注重中长期目标。因此，中国农业现代化目标根据短期、中期和长期目标分析农业现代化发展状况，具体划分阶段为"十三五"时期（2015~2020年）、2021~2030年和2031~2049年。

一、现代农业各阶段的主要目标

1."十三五"时期农业发展主要目标

"十三五"时期（2015~2020年）是中国特色农业现代化道路的关键阶段，是进一步提高国家粮食安全保障能力和推动农业生态文明建设的重要时期。这一时期要突出现代农业是国家安全的重要基础和国家生态文明建设的基本保障这一战略定位，推动现代农业发展，加快农业生态文明建设。主要目标是：重要农产品供给和保障能力显著提升，农业物质技术装备水平大幅提高，新型农业经营主体成为主导力量，农业生态环境大幅改善（表6-1）。

表6-1 "十三五"时期农业发展目标预测

类别	指标	"十三五"时期		
		2015	2020	年均增长（%）
重要农产品供给和保障能力	粮食综合生产能力（亿吨）	>6.0	>6.3	–
	谷物总产量（亿吨）	>5.5	>5.8	–
	棉花总产量（万吨）	>700	>750	1.39
	油料总产量（万吨）	3 500	3 700	1.12
	农产品质量安全例行监测总体合格率（%）	>96	>97	[1.0]
农业物质技术装备水平	有效灌溉面积（亿亩）	>9.38	>9.88	>[0.5]
	农业灌溉用水有效利用系数	0.53	0.57	[0.04]
	农作物耕种收综合机械化水平（%）	60	70	[10]
	农业科技进步贡献率（%）	>55	>64	>[9]
农业生产经营组织方式	农业产业化组织带动农户数（万户）	13 000	15 500	3.58
生态文明建设	森林覆盖率（%）	21.66	>23	>[1.34]
	农业碳排放量（万吨）	29 600	<30 000	1.0
农业改革	确权颁证土地面积占比（%）	40	100	[60]
	耕地流转率（%）	30	>40	>[10]

数据来源：本课题组测算

2. 2021~2030 年农业发展主要目标

2021~2030年是我国完成城镇化和工业化进程、经济总量位居世界第一和初步实现贸易强国的时期。这一阶段，农业发展要与工业化、城镇化相结合，以促进城乡统筹、促进"三产"融合、建设美丽乡村为出发点，提升产业支撑能力，调整产业结构，优化空间布局，加强循环经济发展，实现农业生产空间集约高效、生活空间宜居舒适、生态空间山清水秀。

3. 2031~2049 年农业发展主要目标

一是实现现代食品安全监管体系与国际接轨。建成完善的法治框架和规则体系、权责统一的机构和执法体系、广泛的咨询网络和科学决策机制、严格的覆盖全过程的监管程序与方式，形成切合实际、预防为主、全程覆盖、责任明确、协同高效、保障有力的公共安全监管体系。

二是建成现代农业体系。农业生产经营实现高度科技化、规模化、链条化、特色化，管理服务实现高度系统化、信息化、专业化和社会化。

三是有效保障粮食安全。农产品生产供应保障能力极大提升，农业保险体系更加完善有效，食品监管现代化体系基本建立，食品安全保障能力有效提高，重大食品安全事件极大减少。

四是农业经营方式更加合理。在农村土地产权进一步明晰的基础上，实现土地适度规模经营，进一步提高农业专业合作社覆盖度，提升合作社经营水平和服务水平。

五是建设生态高值农业体系。生态高值农业是包括生态农业及环境与农产品高产、高质、高效及科技、市场、产业经济价值相结合的总概念，是现代农业可持续发展的方向。未来，全面实现农产品优质化、营养化、功能化，实现农业生产管理的信息化、数字化、精准化，建成农业高值转化的产业体系，形成生态系统持续良性循环、景观优美、功能多样、城乡一体的新型农业。

六是基本形成开放型农业新体制。境外农业投资的市场主体基本形成，"走出去"战略形成一定规模，加强对世界粮食产业的生产、流通、储备、期货市场等环节的参与程度，提升对国际粮价的影响力和话语权，更加有效地统筹利用国内国际两个市场、两种农业资源。

二、加快现代农业发展的主要任务

1. 提高农业劳动生产率

农业现代化是从传统农业向工业化农业、知识化农业转型的过程，其中提高农业劳动生产率是这一过程的核心任务。我国谷物的单产已达到发达国家平均水平，但农业劳动生产率仍排在世界90多位，科技进步贡献率低于发达国家20多个百分点，依靠各种要素大量投入形成产能的模式没有得到根本改变。从近年看，尽管我国农业效率已有很大提升，但仍以近50%的人口，创造了约10%的GDP。农业劳动生产率是我国农业现代化的最大短板，必须全面增强技术集成、科技创新、转化应用等能力，加强科研、推广、新型农民人才队伍建设，切实把农业数量型增长模式转变为依靠科技进步和提高劳动者素质等质量型增长模式。

2. 转变农业生产和经营方式

完备的物质装备条件是现代农业的基本特征。但目前我国农业基础设施薄弱，农机化发展水平不高，农业信息化应用水平低，规模化、产业化经营进程较慢，城乡二元结构没有突破性改变。从经营方式看，随着农村青壮年劳动力向城镇和非农产业转移，农村劳动力出现总量过剩与结构性、区域性短缺并存的问题，新型经营主体发展滞后。因此，必须加强高标准农田建设，加强农业防灾减灾能力建设，加快农机化发展速度，推进农业发展由粗放型向集约型方式转变，推进家庭经营、集体经营向合作经营、企业经营等共同发展方式转变，实现农业技术集成化、劳动过程机械化和生产经营信息化，实现由繁重的体力劳动、高成本、低效益向解放生产力、低成本、高效益、标准化生产转变，实现由兼业化的分散经营为主向专业化的适度规模经营转化。

3.深化农村土地制度改革

由于历史原因，我国拥有世界上最复杂的农地制度，现行的土地管理制度存在权利二元和权能缺憾，由于国家和集体两种所有制拥有不同的土地权利，导致不同主体拥有不同的权利，形成同地不同价等问题。由于当前我国土地市场处于城乡分割状态，一方面造成了土地价格扭曲和资源配置低效，另一方面在土地增值收益分配上造成了相关主体分配不公。可以说，农村土地制度改革是农村改革的核心，不仅关系到未来农业发展、农村面貌和农民出路，也关系到未来经济社会的发展潜力与和谐稳定。因此，必须大力推进农村土地制度改革，在农村土地性质不变的前提下，将土地所有权、承包权和经营权进一步分离，有效破除农村土地作为生产要素在市场上的自由流转。

4.完善粮食安全和食品安全保障和监管体系

粮食既是关系国计民生和国家经济安全的重要战略物资，也是人民群众最基本的生活资料。粮食安全与社会的和谐、政治的稳定、经济的持续发展息息相关。尽管2004年以来我国粮食产量已实现"十二连增"，但一方面未来继续增产的难度加大，但需求会持续增长，另一方面随着国际政治、经济领域不稳定因素增多，国际粮食市场的变数增大。因此，作为国家经济安全的重要基础，保障国家粮食绝对安全仍是加快现代农业发展的重要任务。从中长期看，我国口粮基本能自给自足，但玉米、大豆、棉油糖以及生鲜乳都会有不同程度缺口，未来结构性短缺问题将更加突出。同时，近年来地沟油、苏丹红、三聚氰胺、鱼精蛋白等事件引发我国民众对自身健康的深切担忧，对于食品安全问题空前重视。因此，必须稳定提高粮食产量，重点发展粮棉油糖、肉蛋奶、水产品生产，同时加快建设食品安全监管体系建设，保障民众健康安全。

5.改善农村治理结构

新中国成立以来，我国农村治理经历了新中国成立初期、农业合作化、人民公社、改革开放等四个阶段变迁，相应地建立了符合时代发展要求的乡村治理结构。随着未来我国农业进入新的发展阶段，农村治理结构也需进行合理调整。因此，必须建立村务公开制度，实现村民自治的民主管理、民主监督，同时处理好村庄内部治理机制和国家权力体系的关系。

第七章

现代农业发展的制度约束

制度就是约束人们行为的一系列规则，是人类在特定条件下选择的与人类行为有关的并借以影响人们相互关系的正式规则和非正式规则的总称。农业制度就是影响和促进现代农业生产力发展的社会制度的总和，具体说就是土地制度、生产组织、经营方式和与之相配套的社会化服务体系、运行机制以及政策、法律、法规的集合。

当前对现代农业建设的制度约束主要有以下几个方面：

一、政府的宏观调控制度

新中国成立后，农业发展从属于国家工业化战略，优先发展重工业。政府把农业与占全国人口70%以上的农村社会作为国民经济的一个部门，一个专门为城市居民生产粮食的基地和一个为城市工业提供初级农产品的部门，一定程度上影响了农业生产和农村社会的发展，也抑制了现代农业发展的进程。优先发展工业化的直接后果是农业发展长期停滞、食品短缺、农业技术进步缓慢、农民相对贫困甚至绝对贫困、城乡差距扩大，形成制约我国农业发展的各种制度性约束，也成为国民经济的突出特征和难题，这种制度的后遗症至今依然没有完全消除。

二、财政支农制度

与我国农业的政府宏观调控制度相适应，国家财政用于农业的支出，绝对量呈现出不断增长的趋势，但占财政总支出的比重并不高，财政支农政策没有完全落实，财政支农投入力度明显低于发达国家甚至部分发展中国家。我国财政支农结构不尽合理，财政用于固定资产投资与农业科技的比重过低，对农业的间接支持多于直接支持，农业支持的对象单一，不利于贯彻多种经济形式共同发展的方针，不利于调动全社会投资农业的积极性，也不符合WTO的国民待遇规则。农业生产资料综合直接补贴标准低，不足以抵消农业生产资料价格的上涨；良种补贴如水稻、玉米等作物，大多数地区是按照种植面积发放现金，未能真正与良种推广结合起来。

三、金融支农制度

农村资金大量流向城市，农业资金投入严重不足，现有金融体系很少把农民作为服务对象，农民即使有合理信贷需求也融资无门，使现代农业建设缺乏资金支持，大大影响了现代农业建设的进程。现有关于金融机构支农政策，主要包括强化银行业金融机构支持"三农"的义务和责任，明确县域内银行业金融机构新吸收存款主要用于当地发放贷款的政策，要求逐步明确。但从落实情况看，发放贷款没有一个明确的比例和规定，没有建立独立的考核机制。分析起来，信贷政策落实难有两个根本原因：一是政策和现行《商业银行法》的有关规定有冲突，二是针对落实政策的鼓励政策不明确。

四、城乡分割的户籍制度和就业制度

新中国成立以来，特别是从1958年开始实施的农业与非农业的户籍制度人为地将城乡分割，使农村人口向城市迁移受到严格的限制，导致大量农业人口滞留农村，为农业现代化的实现埋下了隐患。中国城镇工业人口的待遇优于农业人口，而且严格限制农村人口流向城市，以保障城市人口的待遇，造成歧视农民的社会意识。虽然城乡管理体制近来有所松动，但长期内还将限制农民劳动力流动和转移，束缚了社会生产力的发展。面对城市下岗大军，农民工鲜明的身份标签具有先天缺陷，用工单位和政府通过制定各种行政命令和条例，有意无意排斥农民工的现象不断出现，绝大多数农民工不能在城市得到平等的待遇和竞争机会。歧视农业和农民的社会意识降低了劳动力市场的资源配置作用，阻碍了农业技术人员向农村、农业流动。

现代农业的本质要求减少农民的数量，使大量的农民实现转移就业，即非农就业。而目前的户籍制度束缚了农民转移，导致农民不能自由迁移，农业劳动生产率一直徘徊不前。

五、农地经营制度

现行的农地经营制度主要是家庭联产承包责任制。家庭联产承包责任制的推行带来了20世纪80年代初中国农业的高速增长。家庭联产承包责任制适应了当时经济发展的需要，但在进行现代农业建设的今天，这种制度的效益呈下降趋势，其弊端也日益显现出来。一是土地的产权关系不明晰，降低了农民对土地的利用效率；二是土地资源不能自由流转，影响了土地经济资源的有效利用；三是土地的平均化和超小规模经营阻碍了土地经济效益和农民收入的提高；四是土地承包使用权不稳定且期限不足。土地所有权主体的模糊导致了在集体所有制框架下往往出现各种以所有者的名义侵蚀农户土地使用权和收益权的现象。农户土地产权权能的残缺既是土地所有权主体不清的必然结果，又是农民缺乏农业生产积极性和消极对待土地的直接原因。土地产权期限不足以形成对农户短期化行为的激励和对土地长期投资行为的抑制，其突出表现是化肥使用量增加而有机肥使用量锐减，土壤改良停滞以及资本流向非农产业，集体所有制内含的按人均分配土地的规定导致农业超小规模经营和对农业技术进步的制约。存在诸多缺陷的现行土地产权制度已不可能促进农业生产的有效增长，大大延缓了现代农业建设的进程。

六、农业教育制度

农业教育制度落后导致农民文化水平低下，接受和使用新技术困难，极大地影响了现代农业建设的进程。另外，农业科技成果推广制度缺乏激励机制，也抑制了农户对科技的应用。面对市场竞争，农民需要掌握精湛的农业专门技术和发展有效的技术合作体系。但是，农村教育落后和农民文化科技素质偏低，制约着生产方式和观念的更新，阻碍了农业技术的推广、对农业从业人员的技术培训和农业科技成果转化。人力资本投资和农业技术交易规模小、发展缓慢造成农民技能单一、农业经营粗放，农产品的质量档次得不到提升。农村的基础教育和义务教育相当不足，儿童的失学率居高不下。从各地的执行情况看，存在的主要问题是农村义务教育经费保障机制不健全，突出表现在农村公用经费保障水平明显偏低，公用经费基准定额仅能维持基本运转。存在这些问题的根本原因是农村义务教育财政管理体制没有理顺，各级财政的支出责任不明确。现行政策规定，农村义务教育经费实行"省级统筹落实，管理以县为主"，并没有明确中央财政应承担的责任。由于一些地方经济社会发展落后，农村中小学经费没有保障。即使是经济比较发达的地区，农村义务教育离"全面纳入财政保障"的要求还有一定的差距。要进一步理顺农村义务教育财政管理体制，明确中央政府在农村义务教育中的责任，尤其要加大对中西部地区农村义务教育经费的支持力度，进一步完善农村义务教育经费保障机制。

七、农业风险防范制度

完善的农业风险防范制度能够针对农业经营中存在的风险进行识别、评估、预警、反应、处置和监控，确保我国传统农业向现代农业顺利转变。完善的农业风险防范制度是稳定现代农业生产经营、加快农业发展的途径，也是促进农民增收、保障新农村建设的重要措施。我国现代农业风险防范制度的建设起步晚，目前处于摸索和初期发展阶段，在风险防范制度的政策安排、制度设计、覆盖面以及运行机制方面和发达国家相比还存在相当的差距。

虽然我国现代农业建设迈出了实质步伐，但由于制度约束，农业依然没有摆脱传统农业的特点。农业基础设施脆弱，农业生产方式落后，科技水平低；农村经济结构层次低，农产品品种单一，质量不高，竞争力弱；农业商品化、市场化程度低，产业化水平不高；政府对农业的保护力度不够，农业投入不足和不合理。要加快我国现代农业建设的进程就必须进行相应的制度创新。

第八章

新常态下现代农业发展中的问题

一、新常态下现代农业发展中粮食安全问题研究

粮食既是关系国计民生和国家经济安全的重要战略物资，也是关系居民生活的基本资料，粮食安全与经济发展、政治稳定、社会和谐息息相关。进一步完善我国粮食应急储备体系，保障粮食安全高效供应，最大限度地降低粮食安全风险，是农业现代化发展的任务，也是我国国家安全战略的重要组成部分。

（一）粮食安全概念及我国粮食安全保障状况沿革

1. 粮食安全概念的提出

粮食安全概念是在世界人口快速增长、粮食短缺成为制约经济发展和扰乱社会稳定的背景下提出的，一开始是"量"的概念，后来随着生活水平的不断提高，逐步扩展到对"质"的要求。

（1）提出背景

20世纪六七十年代，世界人口从30亿增至40亿，对粮食的需求快速增长，粮食价格成倍上涨，而粮食供给能力的提升则远低于这一速度。同时，1972~1974年，许多国家遭遇大范围的自然灾害，粮食大幅减产，一些地区出现了粮食短缺甚至饥荒的现象。此外，在世界粮食短缺、价格上涨的同时，一些国家却在世界粮食市场进行垄断控制，加剧了许多国家特别是发展中国家的粮食危机。在这一背景下，各国深刻认识到粮食安全对一国社会稳定、经济发展的重要性。

（2）粮食安全内涵

为了应对粮食危机，1974年联合国粮农组织在意大利首都罗马召开各国首脑会议，首次就粮食安全问题展开研究，并通过了《清除饥饿和营养不良的罗马宣言》和《世界粮食安全的国际约定》等两个文件。在这两个文件中首次将"粮食安全"的概念确定为"保证任何人在任何时候，都能够得到为了生存和健康需要的粮食"。

但这种"粮食安全"定义只从粮食需求角度出发，表述过于简单。鉴于此，联合国粮农组织粮食总干事爱德华·萨乌马在1983年提出了新的定义，即粮食安全的最终目标应该是"确保所有的人在任何时候都能买得到又能买得起所需要的基本食品"。1996年召开的世界粮食首脑会议[①]对粮食安全的概念做出进一步表述，让所有的人在任何时候都享受充足的粮食，过上健康、

---

① 联合国粮农组织发起组织的世界粮食首脑会议（World Food Summit）在意大利罗马联合国粮农组织总部举行，来自世界194个国家的代表以及地区国际机构和非政府组织的代表出席了会议，首次提出了"食物安全"问题。会议期间，共有45位总统、15位副总统、41位总理、12位副总理和74位部长或其他官员在大会上发言，就粮食安全和消除饥饿问题发表了看法。联合国有关机构、一些国际组织和非政府组织的代表也在会上介绍了有关情况，阐述了自己的观点。会议通过了两个正式文件《世界粮食安全罗马宣言》和《世界粮食首脑会议行动议划》。

富有朝气的生活。

可见，粮食安全的内涵随着经济社会发展而不断被完善和赋予新内容，实现了由重数量安全到重质量安全，由重国家粮食安全到重家庭粮食安全，由重营养安全到重可持续安全的转变。当前，粮食安全的内涵应包括三个方面：一是保障粮食供给的数量与质量，即不仅要供应足够的粮食，还要保证所供应的粮食安全、卫生，满足人们生存和健康的基本需要；二是保障粮食供应的稳定性与长期性；三是保障人们拥有购买生存和健康所需食品的购买能力。

2. 新中国成立以来我国粮食生产情况回顾

新中国成立以来，我国粮食生产总体呈积极上升态势，粮食安全保障水平有了很大提升，从粮食产量增长情况看，大体经历了快速增长、骤减后恢复增长、低速增长、连续减产、"十二连增"等五个阶段。

（1）粮食快速增长阶段（1949~1958年）

新中国成立后，中央政府通过建立新的农业生产组织方式，极大地释放了农民的热情，粮食产量从新中国成立时的11 318万吨快速增长至1958年的19 765万吨，实现了新中国成立以来的首次"九连增"，年均增长6.5%，约是同期人口增长率的3倍，粮食安全保障水平有了较大提升。

在该阶段，人均年粮食产量从1949年的209千克快速上升，到1956年首次突破300千克，达到307千克。实现了粮食安全总体上处于生存有余而温饱不足的状态（图8-1）。

（2）粮食骤减后恢复增长阶段（1959~1977年）

1959~1961年，受多种因素影响，我国粮食生产出现重大问题。粮食产量大幅降低，年均下降11.5%，1961年产量仅为13 650万吨，比1958年减

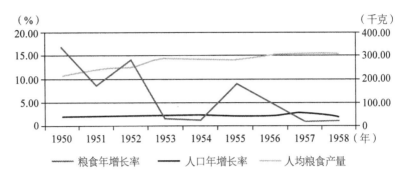

图8-1　我国粮食产量和人口增长情况（1949~1958年）

资料来源：中华人民共和国国家统计局.中国统计年鉴[M].北京：中国统计出版社

少6 115万吨，仅与1950年持平，而人口已比1950年时多了1亿多人[①]。1960年的人均年粮食产量仅为217千克，基本与新中国成立时相同。这一阶段的粮食产量出现了新中国成立以来15.2%（1961年）和14.2%（1960年）的历史最大跌幅，同时也出现了新中国成立以来仅有的两年人口负增长年度（图8-2）。

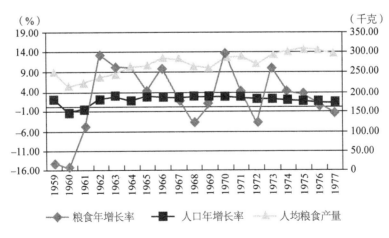

图8-2　我国粮食产量和人口增长情况（1959~1977年）

资料来源：中华人民共和国国家统计局.中国统计年鉴[M].北京：中国统计出版社

---

① 1950年全国人口为5.52亿，到1961年，人口达到6.59亿。

从1962年开始，粮食实现了恢复性生产，大体存在着"两丰两平一欠"的周期。粮食产量保持了平均4.8%的增长速度，是同期人口增长率2.32%的两倍多，1977年达到28 273万吨。人均年粮食产量在1974年再次突破300千克，达到303千克。粮食安全实现了满足基本生存并逐步向温饱迈进的状态。

（3）粮食低速增长阶段（1978~1998年）

1978年我国进入改革开放的新阶段，进一步调动了农民的生产积极性，粮食产量保持了平均3.2%的增长速度，并于1984年首次突破40 000万吨大关，1996年首次突破50 000万吨，达到50 453.5万吨，1998年更是创下51 230万吨的新高。而由于计划生育政策的开展，人口增长率降至1.3%。人均年粮食产量于1983年首次突破350千克，达到376千克，1996年更是首次突破400千克，达到414千克（图8–3）。粮食安全实现了由生存型步入温饱型并向小康型迈进的阶段。

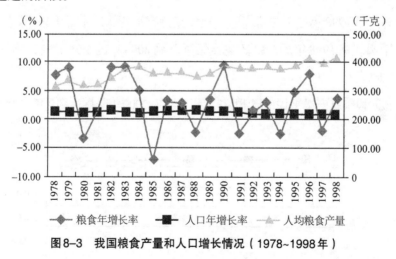

图8–3　我国粮食产量和人口增长情况（1978~1998年）

资料来源：中华人民共和国国家统计局. 中国统计年鉴[M]. 北京：中国统计出版社

值得一提的是，该阶段农民收入快速增长，除1986年、1987年和1991年三年外，其他年份的收入增长率均保持在10%以上，这一阶段收入平均增长16.1%，绝对值从1978年的134元涨至1998年的2 062元（图8-4）。

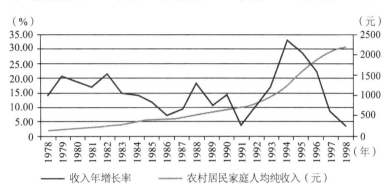

图8-4　我国农村居民家庭人均纯收入情况（1978~1998年）

资料来源：中华人民共和国国家统计局．中国统计年鉴[M]．北京：中国统计出版社

（4）粮食连续减产阶段（1999~2003年）

由于从1995年开始我国粮食连续四年丰收，再加上1995~1998年粮食净进口250亿千克，导致粮食年总供给量大于消费量，出现了过剩。自从我国粮食总产量1998年创历史新高后，粮食支持政策变弱，市场价格下跌，粮食产量下滑，从1998年的5.12亿吨连续下跌到2003年的4.31亿吨，累计减少0.81亿吨。

该阶段粮食产量平均每年下降3.3%，其中，2000年降幅达到9.1%（图8-5），

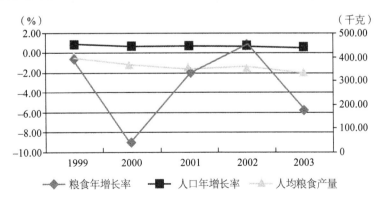

图8-5　我国粮食产量和人口增长情况（1999~2003年）

资料来源：中华人民共和国国家统计局．中国统计年鉴[M]．北京：中国统计出版社

是新中国成立以来除1959年和1960年外的第三大降幅，2003年的粮食产量仅为43 069.5万吨，较1998年下降8 160万吨，基本相当于1991年的水平。但由于该阶段人口增长率仅有0.74%，因此人均年粮食产量的降幅仍小于粮食总产量的降幅。但人均年粮食产量从400千克下降到2003年的334千克，仅为20世纪80年代初的水平，是近20多年来的最低点，供求总体呈现紧平衡状态。

从收入看，该阶段收入增长较慢，平均年增长率仅有4.5%（图8-6），不到上一阶段的30%。

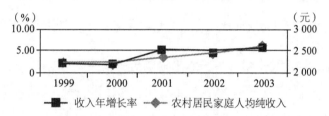

图8-6　我国农村居民家庭人均纯收入情况（1999~2003年）

资料来源：中华人民共和国国家统计局. 中国统计年鉴[M]. 北京：中国统计出版社

（5）"十二连增"阶段（2004~2015年）

2015年，我国粮食产量达162 143.5万吨，刷新历史纪录，实现了自2004年来的连续12年增产，这是我国建国60多年来以来首次出现"十二连增"，也是首次连续九年粮食产量保持在10 000亿斤以上的高位，是我国粮食供给水平最高的时期。"十二连增"彻底扭转了1999~2003年粮食连续五年减产的态势，改变了自1983年以来"两年增一年减"的生产变化周期，在有效满足居民需求的同时，对稳定物价、防范通胀也起到积极作用。从收入看，该阶段农民增收实现了在基数较大情况下的快速增长，从2004年的2 936.4元上升至2015年的11 422元，年均增长13%，人口增长率为0.5%（图8-7）。

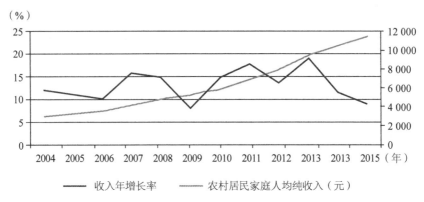

图8-7　我国农村居民家庭人均纯收入情况（2004~2014年）

资料来源：中华人民共和国国家统计局.中国统计年鉴[M].北京：中国统计出版社

2015年，粮食总产量和单产水平均创历史新高，自给率也保持在较高位置，粮食安全保障水平有所提升。2004年，我国粮食单产达到4 620千克/公顷，打破了1998年创造的最高单产纪录，2015年这一纪录又上涨至5 482.9千克/公顷，实现了连续6年粮食单产持续上升，比1998年提高近20%，比2004年也提高了16.4%，成为本次"十二连增"过程中最主要的推动因素，根据测算，该因素对增产的贡献率占到60%左右。

3. 当前我国粮食安全总体状况

（1）从产量看，产量持续增长，实现"十二连增"

2003年以来的连续12年增产，使我国粮食安全保障水平处于历史最高期，未来仍有希望将年产量保持在10 000亿斤以上的高位，为国家安全战略提供了有力的粮食基础。同时，各项补贴政策有效地保证了重要农产品产量的稳定增长，2014年棉花、油料、糖料和猪肉的产量较2003年分别增长27%、25%、39%和34%，有效地满足了城乡居民不断增长的消费需求（图8-8，图8-9）。

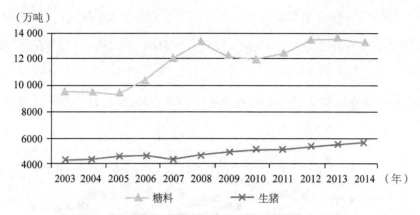

图8-8　我国糖料、生猪产量变化情况（2003~2014年）

资料来源：国家统计局数据库

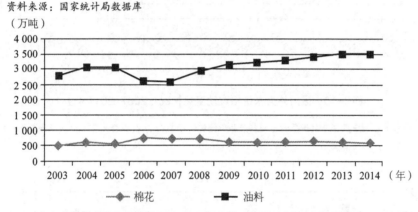

图8-9　我国棉花、油料产量变化情况（2003~2014年）

资料来源：国家统计局数据库

（2）从价格看，保持重要农产品物价水平总体稳定

多年来的农业补贴政策增加了重要农产品的市场供给能力，增强了政府的总体调控能力，极大地稳定了市场预期，对稳定物价总水平做出了重要贡献。近年来，国际大宗农产品市场价格大幅震荡，局部地区粮食危机时有发生，但我国重要农产品价格保持了总体稳定，波动幅度明显低于国际市场。从2007~2014年的价格变动情况看，大米、小麦、玉米等粮食产品国

内价格的变异系数分别为0.1660、0.1426、0.1428，而同期这三类产品的国际市场价格变异系数分别达到0.2158、0.2464、0.2653，分别是国内的1.3倍、1.7倍和1.9倍（图8-10、图8-11、图8-12）。猪肉、食糖等农产品的价格稳定程度也明显高于国际市场，2007~2014年，这两类产品的变异

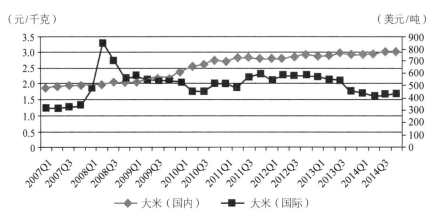

图8-10　国内外大米价格波动变化情况（2007~2014年）

资料来源：国内数据来自历年《中国农产品价格统计年鉴》，国际数据来自《中国经济景气月报——国际市场初级产品价格》

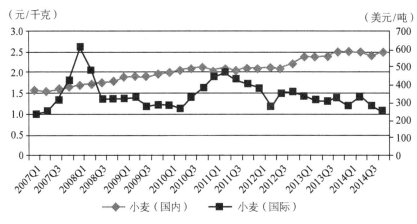

图8-11　国内外小麦价格波动变化情况（2007~2014年）

资料来源：国内数据来自历年《中国农产品价格统计年鉴》，国际数据来自《中国经济景气月报——国际市场初级产品价格》

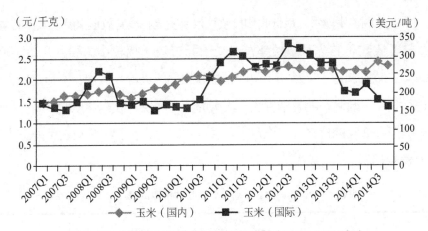

图8-12　国内外玉米价格波动变化情况（2007~2014年）

资料来源：国内数据来自历年《中国农产品价格统计年鉴》，国际数据来自《中国经济景气月报——国际市场初级产品价格》

系数分别为0.1366、0.225，而同期这两类产品的国际市场价格变异系数分别达到0.2236、0.3387，分别是国内的1.6倍和1.5倍（图8-13）。

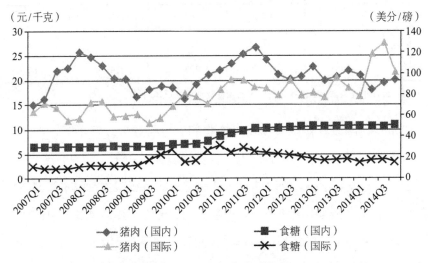

图8-13　国内外猪肉和食糖价格波动变化情况（2007~2014年）

资料来源：国内数据来自历年《中国农产品价格统计年鉴》，国际数据中食糖价格来自世界银行，猪肉价格来自IMF

（3）从调控手段看，最低收购价政策效果明显，较有效地保障了农民利益

最低收购价首先从自给率高、受国际市场干扰较小的稻谷开始实施。2004年，政府制定了早籼稻、中晚籼稻和粳稻的最低收购价，由指定粮食企业进行收购。同时，随着稻谷生产成本的上升和农民收入预期的提高，政府逐年提高最低收购价格，在稳定市场供应的同时，保护了种粮农民的正当利益（表8-1）。

表8-1　2004~2012年稻谷最低收购价变动表　（单位：元/每50千克，%）

年份名称	2004	2005	2006	2007	2008
早籼稻	70	70	70	70	75
中晚籼稻	72	72	72	72	76
粳稻	75	75	75	75	79

年份名称	2009	2010	2011	2012	2004~2012年提高
早籼稻	90	93	102	120	71.4
中晚籼稻	92	97	107	125	73.6
粳稻	95	105	128	140	86.7

数据来源：根据国家发改委等部门公布的相关数据整理计算

2006年，国家开始执行小麦最低收购价。与过去政策不同，本次最低收购价收购预案的范围只包括河北、江苏、安徽、山东、河南、湖北等6个小麦主产区，而非全国，同时执行主体由过去的各级粮食行政主管部门和国有粮食购销企业改为中国储备粮管理总公司。随着小麦最低收购价的逐年提高，到2012年年底，收购价已从每百斤的72元提高到102元，累计提价幅度超过40%，有效地提升了小麦主产区的种植积极性（表8-2）。

表8-2　2006~2012年小麦最低收购价执行预案变动表（单位：元/每50千克，%）

年份 名称	2006	2007	2008	2009	2010	2011	2012	2006~ 2012年 提高	年均 增长
白小麦	72	72	77	87	90	95	102	41.7	5.1
红小麦	69	69	72	83	86	93	102	47.8	5.7
混合麦	69	69	72	83	86	93	102	47.8	5.7

数据来源：根据国家发改委等部门公布的相关数据整理计算

2008年，由于粮食连续5年增产，玉米总产量达16 591.4万吨，而受全球金融危机影响，国内对玉米需求减少，价格大幅下滑。在此背景下，国家开始实施继稻谷、小麦之后的又一项临时收储政策，有效地稳定了市场价格和农民生产者利益（表8-3）。

表8-3　2008年10月~2011年4月玉米临时收储表　　（万吨，元/千克）

批次	出台时间	收储数量	收储价格
第一次	2007/2008	800	1.48
第二次	2008/2009	4000	1.50
第三次	2011/2012	—	1.98

数据来源：国家粮食局网站

至此，我国形成了以稻谷、小麦和玉米三大粮食品种为主的粮食宏观调控机制框架，这对稳定市场供需均衡，保持价格在合理范围内波动，促进农民增产增收，实现国家粮食安全具有重要意义。

（4）从现代农业发展情况看，促进了农业发展方式转变

目前，我国主要农作物年供种量超过1 000万吨，良种覆盖率稳定在96%以上。农资综合补贴和农机购置补贴等政策对提升农机化装备和机械

作业水平，促进农机装备结构优化，转变传统生产方式等发挥了重要作用。2004~2014年，全国已补贴购置各类农机超过3 500万台，2014年农机总动力超过107 000万千瓦，比2003年增长78%。同年，农作物耕种收综合机械化水平超过61%，三大粮食作物均超过75%，农业生产进入了以人力和畜力为主转向以机械化为主的新阶段。测土配方施肥补助、土壤有机质提升补贴等政策对推广先进农业技术、改良土壤培肥地力和加快农业生产方式转变等方面作出了重要贡献。2014年，全国测土配方施肥面积近14亿亩，按新公布的耕地面积20.3亿亩计，覆盖率达到69%。此外，2014年粮食单产达到5 385千克/公顷，比2003年增长24%，良种补贴、农机补贴等各项政策在其中发挥了积极作用（图8-14）。

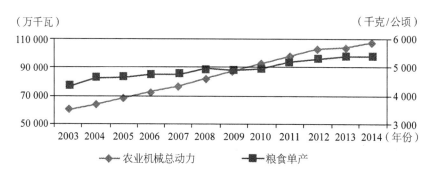

图8-14 农业机械使用和粮食单产变化情况（2003~2014年）

资料来源：国家统计局数据库

（5）从外贸政策看，贸易政策逐步调整，进口规模持续扩大

加入WTO后，我国对粮食国际贸易政策进行了相应调整。一方面，取消了非关税政策，大幅度降低了农产品关税，对小麦、玉米和水稻实行关税配额管理，配额内关税税率为1%~10%。另一方面，从2002年4月1日起，大米、小麦和玉米实行零增值税税率政策，免征销项税，将相关加工产品的出口退税率从5%提高到13%，并且免征铁路运输的稻谷、小麦、玉米应交

纳的铁路建设基金。目前，国际粮食市场已成为满足国内需求、调整产品结构的重要环节。

（二）当前我国粮食安全保障面临的主要问题

从中长期看，粮食生产将呈周期性波动，随着原有增产动力减弱，粮食产量出现减产拐点的可能性越来越大，而粮食需求仍呈增长态势，未来粮食安全保障难度有所增加。

1. 供给持续增长难度加大

（1）耕地资源的制约日益突出

从耕地数量看，随着城镇化的快速推进，我国耕地与建设用地的矛盾进一步加剧，地方政府利用各种手段"先占后批""少批多占"等现象屡屡发生，耕地面积总体呈减少态势，已逼近18亿亩的红线[1]。从耕地质量看，城乡建设用地"增减挂钩"和"双置换"等政策在执行过程中常常出现"占优补劣"等情况，地理位置好、土地相对肥沃和设施相对齐全的耕地被占，新补土地生产力相对较低，从而造成耕地质量下降。

20多年来，随着经济建设步伐的加快，我国耕地数量呈现不断减少的态势。1986~1995年，仅建设占地便使耕地减少1.45亿亩，相当于韩国耕地总量的4倍[2]。到2009年，我国耕地面积为18.2 977亿亩，比2008度增加了403万亩，但与1996年的19.51亿亩相比，净减耕地面积1.2 123亿亩。我国耕地面积超过1亿亩的省份只有五个，13年间减少的耕地相当于失去了一个

---

① 虽然近期完成的第二次土地调查数据显示，全国耕地面积为20.3亿亩，比此前数据多2亿亩，但国土资源部也承认，这主要是受调查标准和技术方法改进的影响，仅仅是账面面积数字的增加，实际的耕地面积还是以前那么多。

② 张剑雄. 对我国粮食安全问题的思考 [J]. 湖北大学学报（哲学社会科学版），2007（6）：78–82.

产粮大省。在面积减少的同时，耕地质量也难以保证。当前"占补平衡"的政策可以基本维持耕地面积总量，但在实践过程中，大多被占用的土地相对肥沃、设施相对齐全，而新补充土地的生产力较低，从而造成耕地质量的下降。即便如此，随着经济社会发展以及工业化、城市化的逐步推进，我国耕地被侵占现象仍日益严重，耕地保有计划屡被打破，耕地面积不断接近18亿亩的"红线"。

（2）资源环境约束增强

"十二连增"最主要贡献因素是单产的提高，而单产提高除技术进步因素外，很重要的一个原因是对资源环境的过度开发使用。目前，我国1/5的地表水国控断面水质为劣V类，化肥使用严重超标，平均施用量是发达国家化肥安全施用上限的2倍以上，基本农田保护区中有3.6万公顷土壤重金属超标，超标面积占到12.1%，这不仅对我国的食品和生态安全造成了严重影响，而且也说明依靠透支资源环境提高单产的模式难以为继。

淡水资源匮乏的矛盾日益明显。我国人均水资源仅为世界平均水平的1/4，是全球13个人均水资源最贫乏的国家之一。同时，我国是农业大国，农业用水占总用水量的60%左右。未来我国农业用水短缺的问题将会日趋突出。一是我国耕地和水资源的时空分布不平衡问题严重。全国81%的水资源集中在占耕地36%的长江及长江以南地区，占总耕地64%的淮河及其淮河以北地区仅占有19%的水资源，却承担着全国约40%人口的粮食供给任务[①]。同时，我国13个粮食主产区有7个在水资源缺乏的北方，6个在水资源丰富的南方，在20世纪90年代初，两方的粮食产量占全国的比重相差无几，此后南降北升，现在北方的粮食产量已远高于南方，但北方河流超限利用和地下水超采现象严重，增产难以为继。二是水污染问题日趋严重。由于工业废

---

① 潘岩. 关于确保国家粮食安全的政策思考 [J]. 农业经济问题，2009（1）：25–28.

水直接排放、农业化肥的过量使用等问题，我国1/6的主要河流被严重污染，在粮食单产较高、水资源较为丰富的东南沿海地区，污染情况也日益严重，一些地方被迫用污水灌溉，同时由于超采地下水，还出现了地面沉降等严重的地质问题。三是粗放型的农业用水方式浪费严重。我国许多地区农田水利设施陈旧落后，大多地区仍然采用传统的灌溉方式，农业用水的有效利用率仅在40%左右，远低于欧美等发达国家70%～80%的水平。

（3）自然灾害频繁加重

2014年4月以来，长江中下游的湖北、湖南、江西、安徽、江苏等地区遭遇干旱，降水达到50年来最低水平。作为世界上自然灾害最严重的国家之一，频繁的自然灾害给我国农业发展造成了极大危害，近年来粮食受灾面积占耕地面积的比重都在30%以上。特别是近10年来，极端天气大面积频繁发生，30年一遇、50年一遇、几百年一遇的极端天气灾害如今每年要遇到好几次、几十次，粮食生产的风险进一步增加。

（4）补贴力度和价格提升空间缩小

在农业生产中，农业生产效益较低，但种植粮食作物的效益更低。虽然近年来国家连续出台了多项粮补惠农政策，粮食价格也逐年上涨，但补贴增长速度和粮价上升速度仍低于农业生产成本上升的速度。在不断高涨的生产资料价格及其他生活用品价格的冲击下，农民种粮收益率不断下降。同时，随着近年来全国各省（自治区、直辖市）不断上调最低工资标准，农民工工资普遍提高，农民种粮的机会成本明显上升，农民种粮意愿进一步降低。

近年来，政府通过采取加大财政力度对粮食生产补贴力度、提高粮食最低收购价格等一系列强农惠农政策，调动了农民种粮的积极性。但随着农业土地租金、融资费用、劳动力成本等生产要素和其他生活资料价格的快速攀升，财政补贴和粮价上涨速度明显低于农资成本上升的速度，造成种粮收益率不断下降。同时农民工工资普遍提高，农民种粮机会成本明显上升，造成农民种粮意愿下降。而随着我国经济增长进入换挡期，财政收入增速将明显放缓，通过大幅增加财政补贴额度调动农民积极性的政策空间不断缩小。同时，目前部分农产品价格已高于国际市场，进一步提高粮食最低收购价的政策空间也不断缩小。

2. 粮食需求持续增长

（1）人口增长带来刚性需求

2014年，我国人口达到13.7亿。据推测，随着生育政策的逐步放开，我国人口将在未来10~15年内达到15亿的峰值。以目前人均年粮食消费量计算，新增人口将至少增加500亿千克的粮食需求。同时，随着城镇化步伐的加快，粮食消费"城市靠市场、农村靠自己"的模式将被打破，许多原来自给自足、有余出售的粮食生产者，进入城镇后不再从事粮食生产，而变成纯粮食消费者，这也增加了对粮食市场的需求。

（2）人均消费量持续增长

自1996年以来，我国已突破粮食供给总量的瓶颈，进入以需求为导向的粮食消费时期。随着经济发展和收入水平的提高，居民粮食消费结构进一步优化，消费质量进一步提高。直接粮食消费减少，肉、蛋、奶等粮食转化的农副产品消费增加。我国人均肉类占有量从改革初期的9.1千克增加到2009年的44.4千克，人均奶类占有量从1.2千克增加到26.4千克。通常情况下，鸡肉的粮食转化率为1∶2（即1千克粮食可以转化为10.5千克鸡肉）、猪肉的转化率为1∶4、牛羊肉的转化率为1∶7。牛奶和饲料转换率虽然超过1∶1，但要达到"每天一斤奶，强壮中国人"目标，对粮食的消耗也非常巨大。

我国拥有几千年的"吃文化"，在全面建设小康社会的进程中，居民对饮食的要求不断提高，膳食结构进一步多元化，人均粮食消费量将会接近甚至超过发达国家和地区的水平。据测算，到2030年，我国年人均粮食消费量将达到450~500千克，虽与美国人均1 000千克的消费量仍有很大差距，但与目前我国人均389千克的消费量相比，对粮食的需求量已增长了25%左右。

国际经验表明，随着城镇化的推进、生活水平的提高和膳食结构的多元化，居民对直接粮食消费的需求将减少，对肉、蛋、奶等粮食转化的农副产品消费量将增加，从而人均年粮食消费量将会有所增长。

（3）工业及宠物用粮增长较快

近年来，口粮消费量有所下降，以大豆、玉米、稻谷、小麦等为主要品种的工业用粮规模明显增长，所占比重也在增长，其中，糖果、调味品、淀粉、食品添加剂、酒等食品制造工业的消耗量约占全部工业用粮的60%，随着人们消费结构和生物工业的发展，工业用粮将继续增加。工业用粮的快速增长无疑增加了市场对粮食的需求。

数据显示，过去10年里我国的宠物数量增长了500%，仅宠物犬一项的数量就超过1亿只。随着城镇化步伐和人口老龄化的加快，尤其是紧张忙碌的生活方式逐渐形成了人们相对独立的生活状态，很多人开始察觉到孤独感、空虚感以及人文环境的复杂性。因此，越来越多的人把宠物视为自己最亲密的伙伴，宠物数量特别是犬、猫数量的快速增加保证了宠物消费市场强劲的发展势头。美国有宠物4亿只，总数量大约是美国人口总数量的1.3倍。我国人口超过13亿人，即使只有半数人养宠物，其数量也会达到近7亿只。按每只宠物每天用粮0.1千克计算，未来宠物用粮的规模可能超过250亿千克。

（4）国际粮食市场波动带动我国粮食需求增长

近年来，世界范围内自然灾害和极端天气出现的频率都在增加，全球粮食产量在21亿~22亿吨徘徊已近十年，而全球人口已由20世纪末的60亿，上升到目前的近70亿。特别是近四年，受气候变化和国际炒家的影响，全球粮价已经出现过两次暴涨暴跌，对国内粮食市场造成不小冲击。

同时，以美国为首的世界主要粮食出口国通过各种渠道进入我国粮食市场，利用雄厚资金和先进技术的优势逐步操控我国某些粮食种类的生产和流通环节，进而形成对该品种产业的完全控制。为更好地应对外部市场冲击，增强对国内粮食市场的调控能力，要求我们增加粮食储备，提高调运能力，从而对粮食供给水平提出了更高要求。

（三）我国粮食安全未来形势总体判断及发展目标

1.总体形势判断

在工业化、城镇化快速推进的背景下，2015年我国粮食生产实现了"十二连增"，这既有必然性，也有偶然性。必然性在于这是国家一系列强有力支农惠农政策和各方面努力的共同结果，偶然性在于我国粮食生产在很大程度上仍然受气候等不确定性因素影响。"十二连增"后我国粮食产量能否继续保持增长，既是中央高度重视的问题，也备受社会各界和国际社会关注。无论从国际经验还是国内经验看，粮食生产不可能长期持续增产，"粮食连续增产的时间越长，可能离减产的拐点也就越近"[①]。在实现"十二连增"后，我国粮食生产周期性下行的风险加大。20世纪90年代以来，在市场力量作用下受产业比较效益的诱导，我国工业利用资本和技术优势迅速进行了现代化，而农业由于投入主体长期缺位，公共成本居高不下，物质、劳动、地租等生产成本明显上升，粮食生产的收益率不断下降。从上一轮粮食生产周期看，当我国粮食产量在1998年达到51 230万吨峰值后，粮食连续五年减产的

---

① 陈锡文.产需结构渐失衡，粮食安全有远忧[N].粮油市场报，2010-12-11：A01.

背后是每亩粮食收益率下降。2004年以来，我国粮食收益率总体呈下降趋势，但粮食产量却连续增产，说明宏观调控政策调节和影响了成本、收益与生产周期的关系。但是，在收益率下降的背景下，国家宏观调控政策调节只是推迟了粮食生产下行的周期，但并没有完全消除这种周期。一旦政策支持强度减弱或者惠农政策不足以弥补市场波动给农民带来的效益损失时，粮食生产的下行周期就会很快显现。

2. 发展目标

"十三五"时期是实现中国特色农业现代化道路的关键阶段，也是进一步提高国家粮食安全保障能力，推动农业生态文明建设的重要时期。

"十三五"时期粮食安全保障的总体目标是：粮食供给保障和综合生产能力增强，粮食生产科技和物质装备水平提升，新型农业经营主体成为粮食生产主导力量，农业生态环境明显改善。

具体发展指标包括：

（1）粮食供给保障和综合生产能力增强。坚持立足国内、确保产能、适度进口、科技支撑的国家粮食安全战略，基本稳定粮食播种面积，适当调整粮食产区布局，优化粮食品种和品质结构，着力提高粮食单产，提高粮食质量安全水平，确保谷物基本自给和口粮绝对安全。加强粮食主产区和后备产区生产能力建设，深化与周边东南亚国家稻谷生产与加工合作。到"十三五"末，粮食综合生产能力稳定在6.3亿吨以上（谷物综合生产能力达到5.8亿吨以上），棉花总产量达到750万吨以上，油料总产量达到3 700万吨，主要农产品基本达到无公害或绿色标准，农产品质量安全例行监测总体合格率维持在97%以上。

（2）粮食生产科技和物质装备水平提升。大力推进农业科技自主创新，加快实施转基因等农作物新品种培育重大专项，构建现代农作物种业体系，推进农业新品种、新技术推广和集成应用。加强高标准农田建设。加快农业生产经营信息化建设，扶持智能农机装备研发及推广应用，重点推进山地丘陵农业机械化。建立健全农业防灾减灾长效机制，提高应对自然灾害和重大突发事件能力。到"十三五"末，高标准农田改造规划任务基本完成，新增农田有效灌溉面积4 800万亩，农业灌溉用水有效利用系数达到0.57，农作物耕种收综合机械化水平达到70%，农业科技进步贡献率达到64%以上。

（3）新型农业经营主体成为粮食生产主导力量。积极培养新型农业经营主体，鼓励通过农民专业合作社、专业服务公司、农民经纪人、龙头企业及各类工商资本以提供多种形式的农业生产经营服务。加强农业信息资源开发，建立统一的种植、流通信息链。到"十三五"末，农民专业合作社、种养殖大户、家庭农场、农业产业化龙头企业等新型经营主体成为多数地区农业生产主导力量，农业产业化组织带动1.55亿农户。

（4）农业生态环境明显改善。完善最严格耕地保护制度、集约节约用地制度、水资源管理制度、环境保护制度。按照生产能力不降低的原则，完善耕地占补平衡制度。推进重金属污染地区土壤修复与治理，继续实行退耕还林还草，基本建立生态补偿机制。全面深化农业面源污染治理，全力推动节水、节地、节药、节肥、节能、节种等节约型农业。加快发展生态休闲观光农业，优化城乡绿地空间格局，完善农业生态功能。到"十三五"末，森林覆盖率超过23%，农业碳排放量控制在3亿吨以内，农业面源污染得到有效控制。

（四）相关国际经验及启示

1. 美国

作为全球最大的粮食出口国和农业现代化程度最高的国家之一，美国历来高度重视粮食安全问题，采取多种政策发挥其得天独厚的自然资源禀赋，保护和提高其粮食综合生产能力，有效地保障国家粮食安全。

（1）耕地保护政策

美国是较早推行耕地保护政策的国家，早在1933年就颁布了《土壤保护法》，将土壤保护和价格支持政策结合起来，对耕地进行保护，主要包括三个方面。一是实施耕地保护计划，美国政府于1977年和2002年分别颁布了《土壤和水资源保护法》和《农业安全与农村投资法案》，加大对耕地保护的资金投入，明确2002~2007年用于保护耕地的资金预算将由1996~2002年7年的13亿美元增加到46亿美元。二是实施土地休耕政策，鼓励农民休耕部分土地，并通过短期休耕政策控制粮食产量，解决农产品生产过剩问题，通过长期休耕政策保护水土资源。三是实施土壤保护储备计划，政府与水土流失严重地区的农场主签订合同，要求农场主在休耕期间要维护地力，不得抛荒，政府将给予其相当于每年地租、绿化及土壤保护成本总和一半的补偿，并采用"土地评价与土地分析"系统，确立耕地保护的类型和范围。

（2）价格干预政策

1933年，美国政府颁布《农业调整法》，对粮食产品实施价格支持政策，为农民提供最低保护价以保护农民的利益。在2002年的新《农业法》中，提出实施"目标价格与反周期支付"政策，即对目标价格与有效价格之差进行差额补贴，确保农民最终的实际价格不低于合理价格，极大地调动了农民的生产积极性。

（3）粮食补贴政策

美国的粮食补贴主要包括三个方面。一是生产直接补贴，政府与农场主签订生产合同，给予现金补贴，其补贴数额为补贴政策、核定单产和直接补贴率的乘积，享受该补贴的农民有权自主决定种植何种作物。二是反周期补贴，这是2002年在《农业安全与农村投资法》中新增的一种补贴制度，主要针对农产品价格存在的周期波动性，在确定农产品目标价格后，当粮食有效价格（即平均市场价格和平均借款率两者间较高者加上生产直接补贴）低于目标价格时，政府将向农民提供反周期补贴，反之则减少或暂停反周期补贴。三是农业保险和灾害补贴。早在20世纪30年代，美国已出现针对作物产量方面的农业保险，1996年出现针对农作物收入的农业保险，美国政府对参加投保的农场主给予相当于保费50%~80%的补贴，使农场主只需支付很少的保费就能参加农业保险，同时还实施了特别灾害援助计划，对于农场主因自然灾害、恶劣天气或者不利经济形势等情况造成的损失进行补贴，以帮助其稳定收入、恢复生产。

（4）粮食储备政策

美国的粮食储备政策有两个目标：一是稳定价格，二是保障粮食安全。从其储备类型看，主要包括粮食生产者和加工商正常经营的周转性库存储备、政府和私人参与的一个生产年度到下一个生产年度调节供求的缓冲储备、参加自有储备计划的农民自有储存等多元化储备类型。从储备规模看，相关资料显示，美国粮食总仓储能力约为5亿吨，其中农场的粮食仓储能力约为3亿吨，农场以外的商业性仓储能力约为2亿吨。近年来，美国政府积极鼓励农民增加自有储备，不断扩大社会、农民私人储备的规模，降低储备管理的运行成本，提高储备效率。

（5）科技投入政策

美国农业之所以成为高度发达的现代农业，一个重要原因就是很早就开始重视农业科技和基础设施建设投入。19世纪，美国就在各州建立了公立农学院和农业试验站，20世纪初已建立了覆盖全国的农业科技推广系统，并对农业公共研究进行大规模投入，为美国粮食生产奠定了坚实的基础，其科技在农业发展中的贡献率占到70%左右。同时，大力建设和完善农业基础设施，由联邦政府和州政府投资兴建大型灌溉设施，由农场主独自或联合投资中小型灌溉设施，政府则给予一定资助。

（6）粮食外贸政策

作为全球粮食出口大国，美国将粮食贸易政策作为减轻国内粮食过剩压力、保障国内农业稳定发展和增强国际市场影响的重要手段。美国主要通过本国粮食出口减免关税和外国粮食进口加征关税的保护性关税、出口补贴和出口信贷等政策，支持和鼓励粮食出口。

2. 欧盟

20世纪80年代中期以来，作为全球第三大粮食出口地区，欧盟的粮食生产总体呈现供过于求的状态。为确保粮食安全，欧盟采取了多种政策措施。

（1）耕地保护政策

与美国类似，欧盟通过休耕补贴和环保补贴等政策鼓励农民进行休耕并减少化学药剂使用，从而有效保护耕地资源。同时，为防止耕地荒芜闲置或挪为他用，欧盟规定对无人照管或经营不善的农业土地进行征购和实施高土地税，如要出售或出租，相邻农民具有优先购买权和租赁权。

（2）价格干预政策

欧盟实行的是粮食价格下限制度，即由欧盟各成员国参考往年市场价格水平制定的一个当年粮食销售的支持价格或保护价格，当市场价格高于保护价格时，农民或按市场价出售粮食，并从欧盟设在各成员国的农产品干预中心获得市场价格与干预价格之间的差额补贴，或以保护价格直接卖给农产品干预中心，从而保证农民收入，提高农民的种粮积极性。

（3）粮食补贴政策

欧盟的粮食补贴主要由四部分组成。一是耕地面积补贴。欧盟于1992年在共同农业政策改革中将粮食生产补贴与产量脱钩，实行与作物面积挂钩的直接补贴政策，弥补因保护价格降低对农民收入造成的损失。二是休耕补贴[①]。即在粮食供过于求时，对符合休耕条件的农户按休耕面积进行直接补贴，从而有效地保护耕地和粮食综合生产能力。三是环保补贴。近年来，欧盟正在减少价格干预政策，更加强调满足消费者对食品的质量要求，保证食品安全，更加突出粮食生产过程中的环境保护问题，鼓励农民进行"粗放式"经营，减少化肥、除草剂、杀虫剂等化学药剂的施用量，以保证耕地质量，政府对由此造成经济损失的农民给予最高每公顷250欧元的补贴。四是其他补贴，包括税收优惠、信贷支持、基础设施建设补贴等各种支持政策，促进粮食生产，确保粮食安全生产。

（4）粮食储备政策

欧盟主要实行按照"干预价格"收购粮食的国家采购储备政策，由于欧盟粮食长年供过于求，大量的粮食储备费用占用较多财政资金。因此，一些欧盟国家通过收购机构、仓储公司以及私人企业代为收储，政府给予其必要的储费和利息补贴，并采取"月加价"政策（即每增加一个月的储存期另外给予补贴的政策），鼓励种粮农户和私人企业合理自储粮食，避免收获季节粮食过于集中上市而影响市场粮价。

---

① 欧盟的休耕补贴对象分为有强制性休耕义务的农场和自愿性休耕的农场。前者指谷物生产总量大于92吨的农场，这类农场必须休耕至少10%的耕地，但总休耕面积不得超过申请补贴面积的33%，后者指总产量小于或等于92吨的农场，对此类农场休耕面积不设下限，但有33%的上限。

（5）科技投入政策

欧盟各国高度重视科技对粮食生产的作用，在农业科研方面投入大量资金。同时，加强粮食生产科技的推广普及工作，建立了正规的农业学校教育、高等农业院校教育和农民在职培训中心等，形成了一套高效的技术推广和服务体系。

（6）粮食外贸政策

欧盟实行鼓励出口和控制进口的粮食贸易政策，并根据WTO规则将直接收入补贴改为价格补贴和出口补贴等，保证出口粮食在国际市场的竞争力和占有率。同时，为避免低价粮食进口冲击欧盟市场，损害农民和欧盟各成员国的利益，欧盟各国对进口粮食实行"门槛价格"政策，控制从外部进口粮食，而在欧盟内部各成员国之间粮食进出口则不收税。

3. 日本

日本人多地少，土地瘠薄细碎，人均耕地面积不足世界平均水平的1/10，粮食自给率低，高度依赖进口。因此，日本政府非常重视粮食安全问题，成为世界上少数几个对本国农业保护最多、保护时间最长的国家之一。

（1）耕地保护政策

日本对有限的耕地资源实行严格的分类管理制度，对耕地的购买及转用进行了严格规定，将农地分为一、二、三类，转用和买卖必须由道府县知事或农林水产大臣批准。一类包括高产耕地、公共投资进行改良的耕地和新开耕地等，除公共用途外不得转用。二类农地介于第一类和第三类之间，可以有条件地转用，凡涉及农地转用的土地买卖，必须由都道府县知事或农林水产大臣批准。三类包括利用区划调整区域内的土地、基础设施区内的农地、宅地占40%以上的街路围绕区域的农地等，原则上可以转用。通过对农地的分类管理，日本政府有效地保护了农业用地。同时，日本政府分别于1949年和1952年颁布《土地改良法》和《耕地培养法》，鼓励土地开发和土地改良，扩大耕地面积，提高耕地质量。

（2）价格干预政策

日本政府通过多年的探索，基本形成了以统一价格、稳定价格、最低保护价格和价格安定基金制度为基础的价格干预体系，取得了良好效果。

（3）粮食补贴政策

日本于1995年颁布和实施新的粮食法，实行各种直接或间接补贴政策，主要包括三个方面。一是农户直接补贴。为防止山区耕地出现抛荒现象，日本政府于2000年出台了《针对山区、半山区等的直接支付制度》，通过对当地农民实行直接补贴，弥补山区和平原地区生产成本的差异造成的收入差距，调动农民的生产积极性。二是稻作安定经营制度，为在不违反WTO规则下进行补贴，日本政府和农户共同出资建立稻作安定经营基金，根据前3年的粮食价格平均数算出基准价格，再从该基金中支付基准价格与当年实际价格差额的80%，用以补偿农民因价格下跌而带来的收入损失。三是生产资料购置补贴、保险补贴和自然灾害补贴等其他补贴，这有效地提高了农民的灾害抵抗能力，降低了自然灾害对粮食生产能力产生的不良影响。日本政府对农业的补贴数额较大，有时甚至会超过其农业产值。

（4）粮食储备政策

日本将粮食储备法制化，分别在1942年和1995年颁布的《粮食法》和《新粮食法》中明确了政府储备在平衡供求、调控市场、稳定价格和储备急用等方面的职责，对生产者在年末未能卖出的储备也给予部分补贴。同时采取灵活的储备粮源政策，在综合考虑储备费用、市场供求、价格影响、可能发生的自然灾害等因素的基础上，不同粮食品种的储备规模随着本国的产量变化而调整。

（5）科技投入政策

与欧美国家类似，日本也已形成较为完善的农业科研和推广体系。技术研发机构由国家和地方政府的公立科研机构、大学、民间科研机构三部分组成。政府在全国设立由600多名专业技术员和上万名员工组成的600多家"农业改良普及所"，负责科技推广工作，此外，强大的农协系统还有2万名左右的指导员参与普及推广工作。

（6）粮食外贸政策

由于粮食总体自给率较低，日本鼓励粮食进口，增加和稳定国内粮食供给。但日本大米的自给率较高，基本实现自给，因此为减少进口大米对国内大米生产的冲击，日本政府又采取了二级关税税率（即对市场准入范围内的大米进口实行低关税，超过部分实行高关税）的保护措施。

4. 共同经验及启示

（1）高度重视粮食安全问题。从上述分析可看出，美国、欧盟、日本等国家（地区）无论是粮食过剩国家还是粮食短缺国家，无论是在粮食过剩时期还是在粮食短缺时期，都把粮食生产作为头等大事，采取一系列政策措施保障粮食安全。各个国家（地区）根据本国国情以及所面临的粮食安全形势，采取了不同的政策措施，真正做到了一切从实际出发，为确保粮食安全筑起了坚实的防线。

（2）采取严格措施保护耕地资源。日本由于人多地少，采取了更为严格的土地分类保护制度保护耕地资源，其保护的重点是耕地的数量。而美国和欧盟耕地资源丰富、粮食产量过剩，采用休耕补贴以及环境保护措施，其保护耕地的重点是耕地资源的质量。无论是保护耕地资源的数量还是质量，最终对保护粮食的生产能力都具有十分重要的作用。

（3）高度重视提高和保护粮食生产能力。国内粮食生产是保证一国粮食安全最根本的前提。因而，美国、欧盟和日本都十分重视保护和提高本国的粮食生产能力。各个国家立足于不同的发展阶段和面临的粮食供求形势，采取具有针对性、有效的措施支持本国粮食生产的发展，保护粮食生产能力。

（4）保护粮农的利益，调动农民生产的积极性。粮农的生产积极性是影响粮食生产能力的主要因素之一。美国、欧盟和日本无论是面临粮食过剩还是面临粮食短缺，都十分重视保护粮农的利益，以调动粮农的生产积极性。这些措施的实施一方面极大地鼓励了农民将粮食生产能力变为潜在生产能力保护起来，另一方面把对粮食和农业的补贴由流通领域转向生产领域，这样既不违反WTO规则，又保护了农民的生产积极性，从而保护了粮食的生产能力。

（5）重视国际粮食市场和国际农业资源的有效利用。在本国粮食生产基本实现自给自足的情况下，应该充分利用"两个市场、两种资源"，实现国内粮食安全的目标。同时，要注意粮食进口来源的多元化，避免过度依赖某个国家而造成供给不稳定，加大技术研发和普及推广工作，保护本国粮食生产者利益，注重发挥本国比较优势。

（五）政策建议

1. 总体思路

坚持"以工促农、以城带乡、工农互惠"的方针，以全面提高生产率和提升成本竞争力为主线，以深化土地承包经营权制度改革和健全重要农产品目标价格制度为突破口，以农产品质量安全为关键环节，稳定和保护粮食综合生产能力，优化农业产业结构与布局。着力提升农业科技和物质装备水平，加快构建新型农业社会化服务体系。大力发展生态友好型农业，加快实施农业"走出去"战略。积极探索技术先进、经营规模适度、市场竞争力强、生态环境良好的中国特色农业现代化道路，为全面建成小康社会奠定坚实基础。

2. 具体政策建议

（1）保护耕地资源，改造中低产田

耕地面积和单位面积产量是粮食供给量的两个基本构成因素。要继续坚持最严格的耕地保护制度，实行最严格的节约用地制度。同时，加快划定基本农田，确保基本农田总量不减少、用途不改变。

同时，应当看到，在坚守18亿亩耕地红线不突破的情况下，依靠扩大耕地提高粮食产量的措施已经不能持续。而在未出现大幅提升单产技术的情况下，提高粮食单产主要依靠对中低产田的改造。据测算，目前我国18亿亩耕地中，约有7亿亩高产田和11亿亩中低产田。其中，中低产田除受自然环境和土壤等条件的影响外，很大程度上是由于农田水利设施破旧落后造成的，有较大提升空间。

在全国主要农业地区，目前能够使用和正在使用的大中型水利工程大多是人民公社时期修建的。农村税费改革后，共同生产费被明令取消，乡村组织也被禁止插手农户的生产。农民无序的小水利建设降低了大中型水利设施的使用效率。水资源短缺和水利工程老化失修、配套不完善、重建轻管等问题，已成为制约粮食生产的重要因素。要提高粮食综合生产能力，就要改善农田水利设施。在农业用水短缺的大格局难以扭转的背景下，政府要组织农户学习使用、逐步推广喷灌、滴灌和微灌等现代灌溉技术，提高农业用水效率，发展节水农业；要研究制定农村土地质量保护和管理的专门性法律法规，深化水利工程管理体制改革，开展农田水利设施产权制度改革和创新运

行管护机制试点，探索农田水利基本建设新机制，逐步推广喷灌、滴灌和微灌等现代节水灌溉技术，实施高标准农田改造规划，努力将亩产500斤的中低产田改造为单产800斤的高产稳产田，将潜在产出能力转化为现实粮食产量。

（2）提高资源效率，保障质量安全

加大在分子育种、良种培育、生物技术、疫病防控等领域的技术研发投入，积极推进农业无害化、减量化和信息化生产，提升粮食质量安全水平。大力推广绿色农业生产技术，加大农业面源污染防治力度，开展病虫害绿色防控，逐步降低农业生产过程对生态环境和人体健康的损害程度。将农业的结构升级、布局优化和城镇化结合起来，实施化肥的减量精量使用，开展农业资源休养生息试点，提高土地、水利等资源利用产出效率。加快农业生产经营的信息化建设，启动农产品批发市场信息化提升工程，加强农产品电子商务平台建设。

（3）加大科技研发投入，更加重视质量安全

近年来，我国食品安全问题相对突出，社会反映越来越强烈。因此，国家对农产品质量和食品安全的重视程度越来越高，监管重点也逐渐由终端食品消费向上游农产品生产转移，对粮食安全的认识也逐渐由数量安全转向数量安全和质量安全并重，采取提高标准、加强监管、加大处罚、增强问责等方式，努力提升广大人民群众"舌尖上的安全"。

农业发展的根本出路在科技进步，农业科技进步应着眼于建设现代农业。优先支持生物技术、良种培育、丰产栽培、农业节水、疫病防控、防灾减灾等领域科技创新，把重点放在良种培育上，大力优化品种结构，着力提高粮食单产和品质。适应农业规模化、精准化、设施化等要求，加快开发多功能、智能化、经济型农业装备设施，重点在田间作业、设施栽培、健康养殖、精深加工、储运保鲜等环节取得新进展。加强农业技术推广普及，开展农民技术培训，培养新型农民。通过农业科技进步，不断促进农业技术集成化、劳动过程机械化和生产经营信息化。

（4）完善"三农"政策，优化补贴结构

在财政收入增长减速的情况下，粮食补贴政策要从注重增加量的补贴转向注重优化投入结构。在继续增加"三农"支出的同时，增加农资综合补贴总量以削减农资成本上升的影响。按照"多产粮、多支持、多奖励"的原则，加大对粮食主产区的转移支付和奖励支持力度，并使之常态化。同时，完善重要农产品价格调控机制，在保持价格逐步合理上升的基础上，逐步建立以稳定农业生产、保障农民利益为首要目标的价格调控目标体系和中央与地方互动、政府与社会配合的调控主体结构体系。

（5）深化体制机制改革，提高农民种粮积极性

新中国成立60多年来，我国粮食产量从1949年的2 260亿斤增长到2010年的10 928亿斤，增长近4倍。这一时期大体可分为五个阶段[①]，其中，增长较快的三个阶段为：1950~1957年实施土地改革阶段、1979~1984年实施"大包干"阶段和2004~2010年实行"多予、少取、放活"惠民政策阶段。这三个阶段均是各级政府对粮食生产高度重视，适时变革生产关系和大力发展生产力，多渠道增加人力、物力和财力的投入以调动农民积极性和创造性的阶段。反观粮食产量增长缓慢、徘徊甚至减产的两个阶段，除自然因素外，大都是较长时期内体制上或政策上存在比较明显问题的阶段。因此，未来仍需根据国情地情，深化体制机制改革，提高农民种粮积极性。

现阶段，一方面要发展完善农民专业合作组织。根据国际经验，凡是农

---

① 高俊才.增强忧患意识，保障粮食安全[J].中国经贸导刊，2011（4）：9~10.

业比较发达、农村经济发展较为平稳的国家和地区，均存在大量且成熟的农村（民）经济组织。农民专业合作组织能有效控制农业生产成本，降低农业生产风险，有利于粮食生产资源的合理配置，有利于农村市场经济发展和市场化水平的提高。另一方面要完善对粮食主产区的补偿机制。实行转移支付的奖励激励机制，加大财政奖励和粮食产业建设项目扶持力度，将产粮大区农产品加工增值税收入留在当地政府，将粮食生产优势转化为经济优势。

（6）利用国外资源，提高统筹能力

从长期来看，即使我国粮食自给率保持在90%~95%的高位，其进口规模仍然很大，所以必须更加积极合理地利用国际农产品市场和农业资源，提高统筹利用国内外市场与资源的能力。积极开发耕地后备资源，逐步推进土地开发"走出去"战略，鼓励更多国内企业到境外开发粮食生产耕地资源。更为重要的是，要逐步提升对国际粮食市场的统筹能力和议价能力，加强对重要农产品国际贸易链的影响力，通过参股、并购等方式，逐步增强对国际粮食市场生产、流通和存储等环节的掌控能力。

二、新常态下现代农业发展中土地流转问题研究

到目前为止，中国仍然是一个以农民占人口多数的国家。随着高速工业化和城市化过程和农村人口不断减少，这将引起一系列重大的社会经济变迁，其中最重要的变迁之一是农村人口与土地关系的变化以及农村正在发生的根本性的结构变革。

在城市化的背景下，基于目前的制度条件，农户与土地的关系和对土

地的态度，可以分为三种情况：第一部分是已经进城的农民工，其中主要是二三十岁的年轻人，他们已经不愿意也不可能再回到农村，但在农村还占有一份承包地。这部分农民的问题是怎样使他们彻底脱离农村，完全融入城市生活。第二部分是城市近郊的农民。随着城市化的推进，城郊土地的收益增值快，而城市化又必然要占用这部分土地，他们与政府和开发商对土地增值收益的争夺处于白热化状态。如果能够让他们公平地分享土地增值收益，既可以顺畅地将城郊的土地为城市建设所用，又可以妥善地解决城郊农村人口的城市化和"小产权房"之类的问题。第三部分是处于传统农区、远离城市化辐射的农民，特别是种粮的农民，除了进城当农民工以外，他们不可能、也不愿意放弃土地，但是种粮的收益低，使之又无法安心种地。对于这部分农民来说，必须下大力气解决好从事农业生产的比较收益和农业产业的发展前景问题。可见，土地问题的解决和城市化的推进，实际上是要解决好这三部分农民的问题。这需要一个总体的解决思路和行动框架。因此，本研究将从土地流转和规模经营与农业现代化发展视角解决土地流转问题，从而为解决农民问题开创新的道路。

（一）土地流转和规模经营政策的演进及其特征

1. 土地流转和规模经营政策的演变

家庭联产承包责任制发轫于20世纪70年代末80年代初，到1984年，全国已有99%的生产队和96.6%的农户实行了包干到户，家庭联产承包责任制在全国普遍实行。随着土地承包到户，农户自发的土地流转开始出现。1984年，中共中央发布第三个农村工作"一号文件"中明确规定，"在延长承包期以前，群众有调整土地要求的，可以本着'大稳定，小调整'的原则，经过充分商量，由集体统一调整"。同时，"鼓励土地逐步向种田能手集中。社员在承包期内，因无力耕种或转营他业而要求不包或少包土地的，可以将土地交由集体统一安排，也可以……由社员自找对象协商转包"。1986年第五个关于农村工作的"一号文件"，明确地提出了发展适度规模经营的问题，"随着农民向非农产业转移，鼓励耕地向种田能手集中，发展适度规模的种植专业户"。

20世纪80年代中期以后，乡镇企业在发达地区和大城市郊区兴起，形成了星火燎原之势。这些地区有相当比例的农村劳动力采取"离土不离乡"的方式，转入非农产业就业，很多地方出现了占地和用地相脱节的现象，即一部分农户既不想种地又不愿放弃土地，另一部分农户想多种地又得不到地。1987年中央在《把农村改革引向深入》的文件中提出"在京、津、沪郊区、苏南地区和珠江三角洲，可分别选择一两个县，有计划地兴办具有适度规模的家庭农场或合作农场，也可以组织其他形式的专业承包，以便探索土地集约经营的经验"。据此，国务院做出了建立农村改革试验区的决定，并允许在江苏的"苏锡常"、北京顺义和广东南海进行适度规模经营的试验，在山东平度进行"两田制"的试验。在这一时期的中央和国务院文件中，也提出了"在稳定和完善家庭联产承包责任制的基础上，在发达地区的农村和大城市郊区进行适度规模经营"。

20世纪90年代初以后，对家庭联产承包责任制缺陷的讨论和推进集体经济规模经营的主张不断升温，一些地方出现了集体以多留机动地、搞"两田制"以及以农业结构调整名义减少甚至收回农户承包地的现象。中央在纠正此类偏差的同时，关于推进土地流转和发展适度规模经营的政策一直没有变化。1993年11月，《中共中央、国务院关于当前农业和农村经济发展的若干政策措施》明确规定，以家庭联产承包为主的责任制和统分结合的双层经营体制是我国农村的一项基本制度，要长期稳定和不断完善。为了稳定土地承包关系，鼓励农民增加农业投入，在原有耕地承包到期以后，再延长30年不变，提倡"增人不增地，减人不减地"。同时文件进一步指出，在坚持土地集体所有和不改变用途的前提下，经发包方同意，允许土地使用权依法有偿转让。允许少数第二、三产业比较发达、大部分劳动力转向非农产业并有稳定收入的地方，可以从实际出发，尊重农民意愿，对土地作必要的调整，实行适度的规模经营。实行适度规模经营的方式有以下三种：一是通过组办村办农场，二是通过"两田制"由大户承包经营，三是通过土地使用权的自由流转形成规模经营。

中共十四届三中全会《关于建立社会主义市场经济体制若干问题的决议》提出，在坚持土地集体所有的前提下，延长土地承包期，允许继承开发性生产项目的承包经营权和土地使用权依法有偿转让。也允许少数经济比较发达的地方，本着群众自愿原则，可以采取转包、入股等多种形式发展适度规模经营。

为了防止地方政府和集体经济组织以"两田制"和规模经营名义侵犯农民承包经营权，1995年3月，《国务院批转农业部关于稳定和完善土地承包关系意见的通知》（以下简称《通知》）强调，进行土地调整时，严禁强行改变土地权属关系，不得将已经属于村组级集体经济组织所有的土地收归村有，严禁发包方借调整土地之机多留机动地，原则上要求不留机动地，确需要留的，不得占耕地总面积的5%。《通知》要求建立土地承包经营权流转机制，在坚持土地集体所有和不改变土地农业用途的前提下，经发包方同意，允许承包方在承包期内，对承包标的依法转包、转让、互换、入股。针对有的地方发展适度规模经营操之过急的苗头，中央明确表示，土地使用权的流动最终会形成土地适度规模经营，这是一个长期的发展过程。1997年中央文件提出，根据实际需要进行"大稳定、小调整"时，"小调整"只限于人地矛盾突出的个别农户，不能对所有农户进行普遍调整，绝不能用行政命令的办法硬性规定在全村范围内几年重新调整一次承包地。中央不提倡"两田制"，对预留机动地必须严格控制。同时，中央农村工作会议指出，强调稳定土地承包关系，并不是不让流转，而是说流转一定要建立在农民自愿的基础上。发展适度规模经营，必须坚持条件、适度、多样、引导和服务的原则。该年8月，针对有的地方第一轮土地承包期到期后没有及时开展延长土地承包期的工作，有的地方以各种名义随意改变土地承包关系，强行收回或部分收回农民的承包地，有的地方违背农民意愿，强制推行土地规模经营等问题，中央提出了进一步稳定和完善农村土地承包关系的指导意见，要求认真整顿"两田制"，明确不提倡实行"两田制"，严格控制和管理机动地等。

2001年，中央发出了《关于土地承包经营权流转的规定》的18号文件，对土地流转的主体、原则进行了更严格的规定。明确提出，农村土地流转的主体是农户，土地流转必须坚持"自愿、依法、有偿"的原则，并且明确提出不准搞"两田制"，对农村集体留机动地的比例进行了严格限定，为防止企业到农村圈地，还提出了不提倡企业到农村大规模包地。

2002年颁布的《农村土地承包法》坚持了上述关于土地流转的规定，明确指出，"通过家庭承包取得的土地承包经营权可以依法采取转包、出租、互换、转让或者其他方式流转"；土地承包经营权流转应当遵循"平等协商、自愿、有偿"的原则，"任何组织和个人不得强迫或者阻碍承包方进行土地承包经营权流转"；强调"土地承包经营权流转的主体是承包方。承包方有权依法自主决定土地承包经营权是否流转和流转的方式"。

2005年1月，农业部颁布《农村土地承包经营权流转管理办法》，对农村土地承包经营权流转的原则、当事人权利、流转方式、流转合同、流转管理等进行了可操作性规定。从此，农村土地承包经营权流转进入规范和法律轨道。

2008年，中共十七届三中全会通过了《关于推进农村改革发展若干重大问题的决定》，对土地承包权流转市场进行了更系统的规范。在保留"依法自愿有偿原则"和"允许农民以转包、出租、互换、转让、股份合作等形式流转土地承包经营权，发展多种形式的适度规模经营"基础上，提出要"加强土地承包经营权流转管理和服务，建立健全土地承包经营权流转市场，有条件的地方可以发展专业大户、家庭农场、农民专业合作社等规模经营主体"，并且强调了土地承包经营权的流转要做到三个"不得"，即"不得改变土地集体所有性质，不得改变土地用途，不得损害农民土地承包权益"。

从以上可以看出，近二三十年来，随着农村改革的推进和农业结构的调整，承包经营权流转和土地规模经营的政策不断完善和明确，既强调了大部分地区农地承包经营权的稳定和保护，也顾及了部分地区农村劳动力流动和转移以及推进土地适度规模经营的现实需求，为农村结构变革条件下土地规模经营和农业现代化提供了政策规范。这些政策的制定都是在实践的推动下前进的，其中渗透着基层干部和广大农民的智慧和创造。

2. 土地流转和规模经营的阶段特征

政策是用来规范和指导实践的，政策的演变既是实践的反映，也是实践的需要。从理论和实际、政策和实践相关联的观点来看，土地流转和规模经营政策的演变和实践的发展，大致经历了三个阶段，呈现如下特征：

第一个阶段是自发实施阶段，大约发生在20世纪80年代的中后期。土地流转主要发生在沿海发达地区和大城市郊区。这一阶段土地流转的特点是：农户因承包土地变成负担而使村集体收地交易成本降低，村集体组织是土地集中和流转的主体，规模经营户很多依靠补贴维持。与此同时，因受粮食上交任务的制约，政府和集体对土地经营权流转的行政干预较强，流转的规模和范围一般局限于集体组织边界之内。

第二个阶段是试验探索阶段，大约从1987年建立改革试验区，在"苏锡常"、北京顺义和广东南海进行适度规模经营试验开始，到21世纪初农村实行税费改革，土地流转的18号文件发布和《土地承包法》颁布实施。这一时期土地流转的特点是：不仅发达地区在继续推进，中西部地区的一些村庄也有一定量的土地流转。土地流转具有明显的地域特征，中西部产粮区和农业劳动力外出多的地区与沿海及大城市郊区呈现完全不同的特点。在传统农区，一方面，由于"三提五统"政策的实施，土地负担越来越重，在一些地区出现了土地税负过高致使土地净收益甚至为负的现象，导致农民种地积极性大大下降；另一方面，由于除沿海以外的农村地区乡镇企业大量倒闭，"离土不离乡"的兼业模式难以为继，大量农村剩余劳动力到"珠三角"和"长三角"的企业做工或到大城市打工，于是出现了土地大量抛荒的现象，在中部一些农区，土地抛荒率达到30%以上。这一时期，这些地区的土地流转出现多样化的特征：一是农民自发流转，其合约形式为租出户不收取任何地租而将承包地交由租入户使用，租入户上缴土地负担，或是租出户不收任何地租将承包地交由租入户使用，并替租入户承担部分土地负担。二是村集体组织将这些抛荒的土地收回（或者给原承包户打招呼，大多不打招呼），再转包给其他承租人，承租方直接交纳地租给村集体组织。

在沿海和大城市郊区，由于高速的工业化和城市化，土地收益大幅增值，很多土地被转用于工业和城市建设，农民和集体利用自己的土地盖厂房或者住房出租，农地面积、农业产值和就业份额大大下降，农业已成为副业。剩下的一部分农地一般由农户或村集体承租给外地人经营，规模经营户逐步形成，且以种植高价值的经济作物和服务城市的作物为主。从1987年中央第一次明确提出在有条件的地方有计划地探索土地集约经营到1991年，土地适度规模经营的进展一直比较缓慢。1992年以来，土地流转和适度规模经营速度明显加快，在沿海地区更为明显。到1993年，无锡县、常熟市和吴县平均经营土地面积一公顷以上的土地规模经营单位已发展到2 816个，经营面积15 000公顷，占责任田总面积的比重从1988年的1.1%提高到22.4%。

根据这个时期的实践，有关部门制定了有关土地流转的指导性文件，全国人大于2002年通过了《土地承包法》。面对实践中出现的土地规模经营现象，政府一方面继续重申对土地适度规模经营的支持态度，另一方面则是在政策和法律上对土地流转中有可能侵犯农民承包权益的行为进行保护，旨在通过确保土地承包关系的稳定，保证农村的繁荣和整个社会的稳定。

第三个阶段是规范发展阶段，发生于21世纪初以来的各地农村。这个时期发生的对土地流转影响最大的事件是农村税费改革的推进，特别是2003年国家决定取消农业税。这一阶段的土地流转在不同地区也表现出了不同的特征。在大多数传统农区，承包地流转仍以农户之间的自发流转为主，但与前一阶段相比，租出户一般除获得种粮补贴外，还收取承租户一定量的租金。与此同时，也出现了一些由农村能人牵头的农民合作经济组织。这一阶段的另一个重要现象是，在劳动力流出较多的农区以及在沿海发达农村和大城市郊区，很多涉农企业到农村大面积承包土地，少则几百亩，多则几千亩。企业到农村大面积承包土地，其获得土地的途径除少数是直接和一家一户农民签订流转合同外，大多数是村集体组织在中间扮演重要角色，有的村组织提供土地信息平台，作为农户和企业之间的桥梁，收取一定的中介服务费，更多的村组织以行政力量，加上说服示范，先将承包给农户的土地集中，再由企业与村组织签订土地流转合同，把地租给企业使用。这些企业一般将地租交给村集体组织，村里再将一部分地租发放到各承包农户，村组织自身还留部分作为公共使用。

（二）土地流转、经营规模和农业现代化

1. 传统农业正面临着经营危机

中国的改革开放是从农村开始的，而农村改革的中心是放弃原来的公社

体制，在保持农村土地集体所有制的前提下，普遍推行以家庭承包经营为基础、统分结合的双层经营体制。这是农村社会生产力的一大解放。家庭联产承包责任制的实行，保证了20世纪80年代上半期中国农业经济的高速增长，解决了过去30年没有解决的温饱问题。改革开放30多年来，中央政府为了巩固农村制度变革的成果，保护农民的土地权利，保持农村稳定，一直坚持农村的基本经济制度不变，强化农户的主体地位。在农村土地制度上，为了稳定农民与土地的关系，将农地承包期从15年延长到30年，到2008年又提出要"长久不变"。为了防止村社内部的土地调整，规定不允许搞"大稳定、小调整"，将农民与土地的对应关系明确为人对地头的关系。这些制度改进为农民土地承包权的物权化打下了基础。

但是，从20世纪80年代中期以来，农民的就业状态发生了巨大的变化，改变了农地对农民的经济重要性，也改变了他们同土地的关系。从农民对土地拥有的产权约束来看，农地产权主要包含农民对土地的承包权、经营权和转让权。在改革之初，由于农民没有其他就业机会，而且农业的效益比较高，他们主要以农业耕作为主，土地承包权和经营权是合一的。随着乡镇企业的发展，一部分农村劳动力转向本地的非农产业就业，土地承包权和经营权开始发生分离。到90年代以后，沿海工业带的形成和世界制造工厂的出现，内地乡镇企业衰败，广大中西部农区的农民大量到沿海打工，土地承包权与经营权面临更普遍、更长久的分离。但是，由于城市落地政策的缺失和内地农地流转市场发育滞后，我国城市化发生扭曲，人口流动和资源流动脱节，形成了"半拉子"城市化。1.5亿农民工流入城市，长年在外打工，但农地的流转一直只有4%~8%的水平，外出的农民工将自己承包的土地临时转给邻里、亲戚，或者干脆让留在家里的妇女和老人经营。根据农业第二次普查的资料，在大部分农村男劳动力到沿海地区打工以后，妇女就成为农业生产的主要劳动者和经营者。全国、中部、西部地区的妇女农业从业者，1996

年第一次农业普查时分别占 47.55%、36.93% 和 38.49%，到 2006 年第二次农业普查时，分别上升到 53.2%、54.3% 和 51.4%。其中，七个劳动力流出较多的省份的女性从业者分别占一半以上。由于青壮年劳动力绝大多数出外打工，且呈年轻化趋势，导致农业从业者和劳动者越来越老龄化。2006 年与 1996 年相比，全国、中部和西部地区 51 岁以上的老龄农业从业者和劳动者，分别从 18.5%、17.3% 和 17.69% 上升到 32.5%、33.3% 和 31.2%。七个主要劳动力外出省份重庆、四川、安徽、湖南、湖北、江西、河南，依次为：46.2%、41.9%、37.5%、37.2%、37%、32.5%、28.2%。农业从业者和劳动者的女性化和老龄化使传统农业经营面临挑战，农业产业的前景堪忧。

家庭联产承包责任制是以家庭为基础，而且相对平均化的小农经济，它虽然能够解决农民的温饱问题，却解决不了农村的富裕问题。与公社体制相比，它虽然激发了农民的生产积极性，但却无法不断焕发和继续保持这种积极性，20 世纪 80 年代后期和 90 年代上半期的农业波动证明了这种情况。特别是随着市场化、工业化和城市化的推进，一家一户分散的家庭农业经营不仅不能满足经济社会发展的需要，反而成为经济发展和社会进步的障碍，同时也使农村处于边缘和落后状态。再加上其他农村政策的失误，造成了日益严重的所谓"三农"问题。因此，农地流转和规模经营并不是人的主观意志，而是传统农业经营面临危机的必然选择。

2. 土地流转和适度规模经营是农业现代化的前提

土地流转和规模经营实际上是一个问题的两个方面。只有实行土地流转，才能实现土地的相对集中，扩大农业的经营规模。因此，土地流转和规模经营是农业现代化的基础和前提。除此之外，没有第二条道路可走。虽然农业现代化的发展有快有慢，大部分还处在起步阶段，但所有案例都预示了这样的发展方向。

首先，现代农业必须实行社会分工和专业化生产。这在一家一户分散经营的情况下是根本办不到的。即使有所分工，也是自然分工，而非社会分工。农户为满足自身需求，不仅不能实行专业化生产，往往还要实行多种经营。由于集体所有和联产承包的推行，土地变得很细碎，一家一户一般只有三五亩土地，且分散为多个地块，每个地块上往往还要种植多种作物，可见，土地的细碎化在小农经济条件下是不可避免的。与此相反，在实施土地流转和规模经营以后，社会分工和专业化生产自然而然地得到了不断的扩展，形成了一系列专业化生产基地。

其次，农业现代化必须增加科技投入，不断推进科学种田，这在小农经济条件下无法实施。分田承包是小块地、小规模、小机器、分散单干、体力劳动、凭经验办事，大机器用不上，科技投入和科技培训既无必要，也无力量，因此小农经济只能是传统农业和经验农业，不可能是现代农业和科技农业。但是，实行土地流转和规模经营以后，情况发生了很大变化，并且在不断变化。

再次，生产经营的标准化和产业化是现代农业的又一重要标志。工业生产的标准化已经被人们所熟知，而农业生产的标准化仍然是一个没有解决的问题。事实上，在一家一户的生产方式下，这是不可能实现的事情，因为狭小的规模和手工操作既不需要也无法实施标准化生产和产业化经营。但是在土地流转和规模经营发展以后，标准化生产就提上了议事日程。

复次，生态化是现代农业的发展方向。传统农业虽然包含着某些自然生态的因素，如有机肥的施用、耕地的轮作等，但是小规模经营不仅限制了它的发展，也减弱了它的作用和效力。实施土地流转和规模经营以后，为生态农业和循环经济的发展提供了广阔的空间和巨大的可能。

最后，现代化农业是市场化的农业，因而必须重视市场建设，发展物流配送和销售渠道。这在传统农业中是不可能实现的。分散承包的农业，主要是自给性农业，农业剩余很少，商品率极低，既不重视产品销售，也无力开拓市场，自然也经受不起市场波动的风险。在土地规模流转基础上发展的现代农业是商品性农业，是为市场和他人而生产的，只有把产品迅速地配送和销售出去，才能实现产品的价值和完成再生产的循环。

3. 土地流转和规模经营所引致的巨大变迁

土地规模流转和农业现代化经营明显地改变了农业的生产方式和农民的生活方式，为农村的发展注入了新的因素。虽然变化的广度、深度有所不同，但对这些正在发生的变化必须给予高度关注。

首先，经营者角色的变化。经营者角色变化主要表现在两个方面：一是外部企业进入农业，改变了农业生产的经营主体；二是经济合作组织的成立也使经营主体发生了类似的变化，由原来的小农经营变为企业经营，农民不再是经营主体，而变成了产权主体和农业工人。经营者角色的变化不仅带来了农民身份地位的变化，也在一定程度上解决了传统农业经营主体的女性化和老龄化问题。这是农村变革的主导力量。

目前争议最大的是对外部企业进入的问题。不仅政府文件中有不提倡企业到农村包地的提法，很多人也担心，外部企业进入农业会侵犯农民利益。我们认为，外部企业进入农业有其积极的一面，可以带来技术和资金，在农村劳动力流动较大、面临结构调整的区域，也有这方面的需求，而且企业在进入农业以后，对传统农业的改造也相当显著，对之简单地做出禁止性规定，政策效力如何恐怕值得怀疑。这里的关键在于：第一，企业获得的土地是不是农民自愿流转出来的，如果地方政府为了加快土地流转和热衷于企业招商，对土地流转采取强制性做法，则是不允许的，要明确加以禁止；第二，企业给予农民的土地租金是不是经过双方相互协商的，农民的土地经营权在让渡给企业后，是否能保证土地租金的获得是公平和有保障的；第三，企业在农村获得的土地是否真正用于农业，对企业用于农业以外的用途是否有可执行的监管和处罚；第四，对于企业在租约期内使用土地，是否会破坏耕作层，则是一个要求管理部门加以监管和约束的问题。

其次，关于农民身份地位的转换。农民变成了股民、社员或者农业工人，农户的收入构成也发生了变化，有了两种收入或者三种收入，即租金收入＋劳动收入，或者租金收入＋劳动收入＋分红收入。目前看到的情况还是比较乐观的，土地流转以后，农民的收入不仅没有减少，反而明显增加。不仅如此，农民自由支配的闲暇时间多了，可以发展和满足其他多样化的需求。因此，在我们看来，农业经营主体和农民身份的变化，必然带来农地承包者和经营主体的分离，政策关注的焦点应该集中于这种变化的趋势和范围，探索未来农业经营的主体以及这一变化对农户收入的影响和可能的政策安排。

再次，关于农村产业结构的变化和粮食经营。土地的规模流转促进了农村产业结构的调整，改变了传统农业的生产经营方式，使农业发展走上了集约化、产业化和标准化的发展道路。传统农业的产业结构往往是单一发展，主要是种植粮食，而土地流转和规模经营以后，不仅专业化水平大大提高，而且种植养殖的品种也大大增加。不仅如此，整个生产过程的机械化程度提高了，科技投入增加了，市场意识增强了，产前、产中和产后服务体系开始建立了。由于实行了土地的集约化利用和产业化经营，土地的产出率大大地提高了。

最后，关于新型合作经济的发展。在实行以家庭承包经营为基础、统分结合的双层经营体制以后，农村虽然仍然是所谓集体经济，但在很多地方，集体经济实际上成了一个空壳子。实行土地流转和规模经营以后，有的建立了土地（股份）合作社，有的发展了各种专业合作社，有的建设了设施农业和各种专业生产基地，有的引进了外部资金、技术和企业，采取了公司＋农户的合作方式，真正引进和生长出了合作经济的要素，形成了新型合作经济组织，原来分散的农户又成了利益相关的共同体。原来空壳子的集体经济有了实际内容，实力壮大了，乡村组织机构也有实力增加公益事业的投入，改善了村集体与村民的关系。有的合作社完全独立，与乡村机构分离开来，按照合作经济组织的章程运行，通过利益纽带的联结，加入合作经济组织的村民也开始真正成为该组织的主人，参与到合作组织的决策和管理中。如果说《物权法》从法律上规定了土地承包经营权的物权性质，那么，土地流转和规模经营则是土地承包经营权在实践中物权化的重大步骤。特别是随着土地流转和规模经营带来的收入增长，有些地方开始变分散居住为集中居住，建设农民居住点和居住新村，发展农村基础设施，大大改善了农民的居住条件，并进一步提出和实行了与现行城市化标准不同的城镇化标准，农民的思想观念和生活方式也发生了巨大变化。

4. 土地流转和规模经营的方式选择

到目前为止，土地流转和规模经营仍然带有试验的性质，由各个地方和农民进行创造和创新，其实施的方式也多种多样，值得认真总结。

按照转出方来看，基本上有两种类型：一是农户之间的直接流转，二是农户组织起来通过村集体的二次流转，即农户先把土地流转给合作组织或者村集体，再由后者把土地流转给企业。参与第一种流转方式的农户很多，但每户流转土地的规模不大，多为流转给农业大户，形成大户经营的模式；参与第二种流转方式的农户不少，每次流转土地的规模较大，大多流转给企业，形成企业+基地的经营模式。比较而言，一般后者的经营规模较大，现代化程度较高。

按照流入方来看，基本上有三种类型：一是农户，主要是大户，二是合作组织，三是外部企业。村集体的流入往往是二次流出的中介，可以不作为流入方讨论。从现有的情况来看，农户流入数量较小，大户流入一般以百亩为限，合作组织流入一般在千亩上下，而企业的流入规模大小不等，多的有可能达数千亩。大户流入需要有种田能手，合作组织流入一定要有合作企业家和带头人，企业流入多为进入农村的农业企业和农产品加工企业。在这三种方式中，最能体现和保护流出农户利益的是合作组织。因为大户流转，转出农户得到的只是租金，至于能不能继续在土地上劳动，则不能确定，盈利自然归大户所有，但从土地上解放出来的劳动力，可以从事其他有收入的劳动，比如外出打工。企业流转，农户得到的收入一般包括租金收入和劳动收入，利润也归企业，流出农户一般无法分享。而合作组织流入，由于盈利留在合作组织内部，农户除了租金收入和劳动收入以外，还可以得到分红收入。因此，目前的土地流转和规模经营基本上以合作组织为主。

按照流转后的经营对象来看，大致有以下几种：一是种植粮食，二是种植蔬菜和果品，三是种植花卉和苗木，四是发展养殖业，五是种植其他经济作物。从现有的情况来看，大户流转以种粮为主，合作组织流转以果蔬和养殖为主，而企业流转以种植花卉苗木和其他经济作物为主，几乎没有企业种粮的案例。这种区别既与流入主体的生产经营条件和流入规模有关，也与企业家能力以及市场、资金等外部条件有关。因此，土地流转和规模经营如何保证粮食种植，还是一个值得进一步探索的问题。

按照流转后流出农户的参与程度来看，大户流转的参与程度可能最低，企业流转的参与程度次之，合作组织流转的参与程度最高。从现有的制度条件来看，企业流转有可能成为流转的主要形式，其原因在于：一是农村企业家资源比较缺乏；二是农村相对贫困，特别是缺乏投资；三是企业可以带来外部资源，但不是最优的选择。以合作组织流转为基础，几种流转方式相结合，可能是最好的选择。

从理论上来看，现有的土地流转和规模经营方式，基本上可以概括为两类：一类是土地的股份合作经营，另一类是土地的租赁经营或者租佃制。应当看到，土地入股、合作经营与一般的股份制企业不同。一是以土地承包权作为股份进行投资，还不是真正的融资股份，而具有租赁的性质，可以取得租金收入。特别是在现阶段，土地股份还不能转让、买卖和抵押，而一般股份制企业的股票则可以交易，取得股息和红利，但不能取得租赁收入。至于其发展是否会进一步市场化，走向股份制，还需要实践来回答。二是股份制企业的股东，可以用脚投票，卖掉股权，土地股份合作虽不能卖掉股票，但可以退社，虽然有些退出权有时间限制。三是股份制企业破产清算，股东要以自己的投资偿付，而合作社关闭后，土地还可以归社员自己。四是合作社的地域性质，使社员直接参与合作社事务相对较多，参与管理也相对方便。而股份制企业的股东除在股东大会上提出意见以外，其他的行为对企业的影响都是间接的。

土地股份合作制与土地租赁制也有明显差别。一是在土地股份合作制中，农户对土地承包经营权的让渡并不是彻底的和完全的，如果流转前的承包经营权是农户单独所有，那么流转后的承包经营权则是农户共有，农户仍然保有收益权，而租佃制下承包经营权的让渡则是完全的和彻底的，农户保有的只是收益权，虽然租约期满可以收回，但从产权的市场化程度来看，股份合作制不如租赁制。二是租赁制农户的收益只有租金收入，劳动收入可以从承租方取得，也可从别的地方取得，根据提供劳动的对象而定，而利润自然归承租者所有。在股份合作制中，除租金收入外，农户一般都有人参加合作社的劳动，并取得劳动收入，利润收入也归入社农户共有和分享。从保障农民权益来看，股份合作制又优于租赁制。三是从收益递增安排来看，租赁制是合约安排和合约（固定）收益，而股份合作制则带有剩余收益和可变收益的性质。

5. 政府和集体经济组织在土地流转和规模经营中的作用

政府和集体经济组织在土地流转和规模经营中起了非常重要的作用。如果没有政府牵头和主导，土地流转就很难发展起来。因此，目前我国农村的土地流转和规模经营在很大程度上是政府主导。

政府和集体组织在土地流转和规模经营中的这种主导作用，并非政府官员主观意志的产物，而是有客观基础和条件。首先，发挥社会主义集中力量办大事的优越性，中央积极推动土地流转和规模经营，党的各级组织和政府部门密切配合。因为事情的成败既关系到农业的发展和农村的稳定，也关系到基层官员的政绩和利益。其次，中国农村实行的是土地集体所有制，它不是本来意义上的合作经济，而是行政权力主导的经济，村集体组织及其代理人就是产权的主体，虽然村级组织是名义上的自治组织和经济组织，实际上是基层乡镇政府的派出机构，虽然流转的是土地的承包经营权而不是所有权，但是所有者的意志往往是决定性的。流转方式的选择、流转成功的决策，往往体现了所有权和经营权的合一，而不是分离。尽管中央政府禁止"两田制"和"反租倒包"，不提倡企业到农村承包土地，而实际上，前期流转中以"两田制"和"反租倒包"为主，中期流转中以企业进入为主，其主要原因也在这里。再次，在以家庭承包经营为基础、统分结合的双层经营体制实施之后，中国的农村经济在相当大的程度上恢复到分散的、一家一户的小农经济，再加上公社化时的负面记忆，农民对再集体化存在着较大的疑虑和抵制。在这种情况下，如果没有政府的主导和推动，土地流转和规模经营很难发展，即使能够实施，其速度也相当缓慢。最后，在中国农村社会，政府及其官员是最有信誉的机构和群体，与外部社会（包括企业和其他机构）的交往离不开政府，到金融机构融资也需要政府和官员的担保。

总体来看，政府在土地流转和规模经营中的作用是必要的和重要的，但也存在着政府官员过于强势和越俎代庖，导致发生侵犯农民利益的事情。由于中央一再强调保护农民的土地承包经营权，规定土地流转必须由承包方做主，自愿参与，同时，农民对干部的简单粗暴做法也有抵制，情况有所改善。很多流转都需要民主讨论才能确定与农户签订流转协议。

但是，我们不能不看到其中的问题。问题主要发生在土地综合整理和城乡置换过程中。把实施土地流转和规模经营作为城乡统筹的一个重要组成部分，往往与土地置换和建设农民集中居住区捆绑在一起进行。为此，先要进行土地整理，把耕地中的沟壑填平，从而可以增加一部分耕地，同时把分散居住的农户集中起来，建设新的居住点，通过宅基地复垦，重新变为耕地，然后再把这些建设用地指标卖给城镇，以筹得建设新居和进行土地整理的资金。这种做法在现行制度条件下，是一种走出困境的创新和突破的方法。其中最重要的一点是，它把原来不能流动的资产投入到流通中进行交易，实现其价值。但问题在于，这种交易都是由政府主导，农民基本被排除在外，显然不利于农民。

（三）土地流转改革趋势

1. 土地所有权制度改革

纯粹从理论角度出发，中国土地制度改革存在两大改革切入点：一为土地所有制改革，从根本上消除城乡二元土地产权差异等现行土地制度约束；二为土地流转模式创新，通过多样化的土地流转范围、主体、方式等，在基本土地制度框架下推进土地要素一定程度上的流动，缓解现行土地制度产生的弊端。必须注意的是，结合目前中国经济发展阶段以及宏观制度情况，改革土地所有权制度，从而破解现行土地制度约束，不必要也不可行。

改革土地所有权制度不必要的主要原因为：如上所述，产权为内涵多方面权利的"权利束"，所有权只是其中一种。所有权可与经营权、收益权等其他权利分离，意味着可以在既定所有权归属情况下改革经营权、收益权等其他产权内容。产权界定远比产权所有形式更为重要，只有产权界定清晰，才能较大程度上避免产权实施过程中的交易成本。

改革土地所有权制度不可行的主要原因为：作为一项基本制度，土地制度改革将深度影响社会各个方面。历史经验已经证明，未经良好设计的激进式改革极容易爆发全面社会矛盾，引发灾难性后果。目前中国经济增速回归"新常态"，在此关键转型时期，推行土地所有权制度改革面临一定社会风险。

2. 土地流转向经营权可流转方向发展

自2003年实施《农村土地承包经营法》以来，我国政府就不断强调土地制度改革中的促进土地使用权流转的基本态度。

由此可总结发现，政府在土地制度改革方面，充分重视土地承包经营权流转的改革推进，且强调在土地流转过程中坚持"依法""自愿""有偿"原则和尊重农民权益。2014年9月14日，中央全面深化改革领导小组第五次会议审议了两份与农村土地制度改革有关的重要文件:《关于引导农村土地承包经营权有序流转发展农业适度规模经营的意见》和《积极发展农民股份合作赋予集体资产股份权能改革试点方案》。此外，习近平同志特别指出:"坚持农村土地集体所有的前提下，促使承包权和经营权分离，形成所有权、承包权、经营权三权分置、经营权流转的格局""要尊重农民意愿，坚持依法自愿有偿流转土地经营权，不能搞强迫命令，不能搞行政瞎指挥""搞好这项改革，一项重要基础工作是保障农民集体经济组织成员权利……试点过程中，要防止侵吞农民利益"。

土地所有权、承包权和经营权分离，即三权分离是未来土地改革走向的核心，中国拥有全世界最复杂的农地制度，因此三权分离是在此基础上的制度创新。所谓经营权，传统理解上即为使用权，但经营权的概念在改革的过程中具有边界拓宽的可能，中国的农村土地所拥有的权利包含所有权和使用权，但缺乏处置权、抵押担保权，继承权等也不完整。但经营权可流转的意义就在于，其未来将可能包含处置权、抵押担保权等权能，这必然将使土地的价值得到极大的释放。同时，土地红利的释放还有助于推动农业化进程，实现新型城镇化的目标。

经营权可流转最重要的前提是完成确权颁证的过程。首先，明晰产权，其次，分离经营权。农村土地分三类：农村集体建设用地、宅基地和农地。改革试点先从农村建设用地和宅基地开始，然后才是农地。相对而言，农村集体建设用地的产权归集体所有，可以以股份制的思路界定清楚农村集体建设用地的产权，从而进一步实现流转。特别以城郊的农村集体建设用地为例，一旦拥有了流转权，土地的价值将大大提升，会给拥有土地的农民带来真实的资金回报。宅基地房地难分，确权颁证以后将明确宅基地的归属，有助于有两套房以上的农民对宅基地进行流转。农地改革"股田制"和信托制等方式正在创新试点，能否大规模推行尚待验证。

（四）政策建议

鉴于土地流转和规模经营是农业现代化发展的关键性因素，而土地流转和规模经营过程中存在很多问题，为了顺利实现新常态下农业现代化发展，本研究将从土地流转和规模经营促进农业现代化发展视角提出政策建议。

1. 落实农村土地承包制度"长久不变"，为农村长治久安提供制度基础

农民土地权利之所以经常受到侵犯，其中一个原因是保障这一权利的

制度服务不足。要落实农村土地承包制度"长久不变"。第一，进行农民承包地、宅基地、林地、荒地等的确权、登记和颁证工作；第二，以村社为单位、由农民民主确认集体社区成员权资格和起点，固化农民与土地及其他财产关系；第三，尊重历史和现实，划定土地集体所有权主体和边界，明确集体土地所有者内部权属关系，进行集体所有权确权、登记和颁证。

2. 完善农民土地产权权能，保障和实现农民对土地的财产权利

核心是确保农民土地承包权，搞活土地经营权，赋予农民土地处置权。农村改革以来，农民土地承包权和经营权的关系是变化的。实行包产到户的前几年，土地收成好，非农就业机会少，农民土地承包权和经营权基本上是合一的。乡镇企业发展以后，农民非农就业成为收入主要途径，农业成为兼业，土地承包权和经营权发生了部分分离；在农民跨地区流动后，土地承包权和经营权发生了长时期的分离；利用集体土地从事非农产业时，土地承包权变为股权，土地经营权让渡；在城市化推进、农民土地被征用时，土地承包权和经营权一同丧失。因此，除了政府主导的城市化征用农民土地的情形以外，不变的是土地承包权，变化的是土地经营权。农村基本经营制度不变，其核心是土地承包权不变，"长久不变"的核心是农民拥有土地承包权的基本制度长久不变。实现农民的土地财产权利，就必须要在确保农民不丧失土地承包权的前提下，搞活土地经营权，赋予农民土地处置权，包括进行农村土地和宅基地的抵押试点，实现农民土地承包权、物权和宅基地用益物权，为农民获得资本投资提供担保物。

3. 设置土地流转的制度底线，制定防范侵犯农民权益的排他性政策安排

近几年来，土地流转在一些地方有加快之势，这里既有地方政府的推动，也有农村结构变革要求新的土地经营方式的反映。在中国中西部地区，

农村劳动力跨地域流动导致了农业经营者老龄化和女性化。目前和今后劳动力流动人口年龄结构将发生重大变化，以"80后""90后"为主的劳动力流动人口是否会在城里打工若干年后，像他们的父辈一样回到老家种地，确实存疑。因此，除了地方政府介入土地流转的因素，村庄内部在人口大量外出后也有土地流转和适度集中的需求。另一个问题是关于是否允许企业进入农业的政策也面临尴尬。从"18号文件"发布到现在及其以后，企业进入农村的趋势只会加强，不会减弱，政策层面如果只有禁止性规定而没有实施手段，效果不会很大。因此，对待土地流转、地方政府行为和法人进入农业问题，建议采取设置农民权益底线、制定排他性条款的方式。第一，土地无论以什么形式流转，流转给谁，必须由土地使用者与拥有承包权的农户签订合同；第二，地租必须全部归土地承包权拥有者；第三，规定一定年期内的地租上升幅度；第四，集体经济组织只能充当中介服务者的角色，不能"吃租"；第五，土地承租主体不得将土地转作非农使用，制定农地非法非农化的法律处置办法，同时加强农民集体对这种行为的监督；第六，土地租用者在租约期内不得破坏土地耕作层。

4. 提高农户在规模流转决策中的主体地位和主导作用，进一步提升土地流转和规模经营的市场化操作水平

土地流转和规模经营的标的是土地承包经营权，而不是土地所有权，流转的主体是农户，而非农村集体经济组织，更不是农村的政府机构。这一点在中央文件中已经有了明确规定，各个地方也在设法实践，问题是如何进一步落实，探索出一套操作规程。第一，积累和提高操作民主程序的办法，第二，探索和研究流转方式。目前，由于大规模流转主要集中在离城市不远的地方，企业的进入是主要的，但从长期来看，合作组织的建立和发展有可能会成为主要方式。如果将来能够形成以农村本土企业为主，外来企业、家庭农场、种植大户共同合作的企业结构和产业结构，土地流转和农业现代化将会比较顺利地推进和提高。

5. 既要发挥政府在推动土地流转和规模经营中的作用，又要规范政府的行为

在现有条件下，土地规模流转和现代化经营需要政府的参与。然而，以用政府主导和参与的方式替代和削弱农户的主体地位为代价，往往会侵犯农民的权益，也有可能使土地流转发生扭曲。而政府参与的范围大小和程度很难把握。所以要规范政府在土地流转中的行为，明确政府的角色定位，规范土地流转的地租分配，加强民主和社会监督。

6. 创造宽松的社会环境，促进和保护农村企业家的生存和成长

推动农村合作组织的发展，企业家的出现和成长是一个重要条件。但当前的中国的社会情况，缺乏企业家生成的环境，不利于企业家脱颖而出。

7. 以民间资本为主，开放和发展农村金融，解决土地规模流转和农村发展的融资问题

中国经济发展的一个问题是金融发展滞后，无法满足经济发展对融资的需求，这一点在农村表现得更为突出。在农村，金融只能满足资金需求的1/3左右，其余都是靠民间非正规金融融通的，但民间非正规金融始终处于非法的地位。因此，融资问题是阻碍土地流转和规模经营的重要障碍之一。既然国有金融定位于掌握国计民生的重要领域，那么，发展农村金融应以民间资本为主，在加强监管的前提下，各种金融机构和金融活动应当放开。只有金融发展了，抵押、担保、信托、贷款等金融活动活跃起来了，包括土地规模流转和现代农业才能真正发展。

8. 支持和发展农民合作组织和家庭农场，探索以种植粮食为主业的土地规模流转问题

在调查研究中，以种植粮食为主的土地流转不多，大多以大户和国有粮食企业为主，进入农村的其他企业几乎没有种粮的案例。这既与种粮的收益太低有关，也与现行的鼓励政策不当有关。解决这一问题的主要途径是，采取耕地保护补贴、种粮补贴和提高粮食价格等办法提高种粮的收益，使种粮的收益率逐渐接近当地的平均收益率。此外，支持和发展农民合作组织、家庭农场和国有粮食企业，推动粮食产区的土地流转和规模经营也是一个重要选择。为此，可以考虑对种粮的合作组织和家庭农场采取某些特殊的支持措施，除政府采购的优先和方便外，政府的各种种粮补贴应当补给种粮的主体，而不应补给把土地流转出去的农户。至于土地流转补贴，应当补给把土地流转出去的农户，通过这种补贴鼓励土地流转。

三、开放条件下农业支持保护体系改革

农业是基础产业，也是战略性产业。无论是发达国家，还是发展中国家，在推进国家现代化进程中都普遍将农业现代化作为重要任务。考虑到农业的弱质性，世界上大多数国家都对农业实施支持与保护，其中国内支持政策是农业支持保护体系中的关键环节。随着各国农业发展以及农业目标的日益多元化，各国农业支持水平不断提高，支持政策开始涉及农业基础设施、科技支撑、经营机制和环境友好等各个领域，有力地促进了现代农业的发展。目前，我国正处于工业化、城镇化和信息化发展的关键阶段，农业重要性日益凸显。虽然我国农业支持保护体系已初步形成，但是随着我国农业比较优势的下降及对外开放程度的提高，大宗农产品进口对我国相关农业产业的影响将更加深入，国际市场波动对国内的传导也将更加直接，通过支持保护政策保证国内农业产业健康发展的难度也越来越大。未来我国农业支持政策如何更加完善是值得关注的问题。本研究对我国农业国内支持政策进行了细致的梳理，并探索总结发达国家农业补贴措施及政策调整的一般经验，以促进我国农业国内支持政策的进一步调整与完善。

（一）我国农业发展面临的形势

我国是人口大国，也是农业大国。我国农业发展的基础差，底子薄，农业生产仍以生计型为主，小农经济特征显著，农民收入水平较低，粮食安全仍需保障。不仅如此，未来我国农业的可持续发展既受到粮食需求刚性增长和资源约束日益突出的双重压力，也受到工业化和城市化进程的巨大挑战，还面临自然风险增多和市场风险加剧的双重挑战。保障粮食等主要农产品供求基本平衡压力越来越大，挑战越来越多，农业产业的可持续发展还面临诸多困难。总体来看，我国农业发展面临的形势主要有以下四个方面。

1. 面对农产品需求增长和资源约束的双重压力，保障农产品供给难度加大

由于人口基数大，我国人口在未来一段时期内仍将以一定速度增长。由于人口总量还将保持较大规模，消费者对农产品消费需求的数量和质量都会增加。从数量上看，根据联合国经济和社会事务部预测，我国人口在2020年和2023年分别达到13.88亿和13.95亿，到2020年将需要增加800万吨口粮、50万吨植物油、50万吨食糖、270万吨肉类和1 400万吨蔬菜。从质量上说，居民收入水平的提高将推动农产品消费结构升级，并且对肉蛋奶产品需求的增加同样会引起农产品用作饲料等工业消费的需求。面对日益增长的需求，反观供给则由于资源约束而难以扩大。表现为：由于人口众多，国内以土地

和水为主的农业资源人均占有量严重不足；过去的十多年，随着工业化、城镇化的发展，我国耕地面积下降了1亿多亩；在越来越多的地区农业发展开始受到缺水的制约；农业劳动力成本也呈现快速上升趋势。在利益机制推动下，农业生产要素快速向高效益的非农产业及城市转移，农业发展在资源保障方面将面临越来越大的压力。水、土以及劳动力等基本资源约束不断加强，使立足国内保障主要农产品有效供给的难度越来越大，我国将在今后相当长的时期面临巨大的食物供给压力。因而，确保粮食等主要农产品基本供给（即"保供给"），依然是现阶段和今后相当长时期内我国农业政策的首要目标。

2. 小规模生产特征难以改变，农业比较优势继续下降，与主要农产品出口国的竞争力差距将继续扩大

我国农产品市场开放后面临的竞争主要来自美国、澳大利亚、加拿大、巴西、阿根廷等农产品生产和出口大国。与之强大的资源优势相比，我国农业资源匮乏，经营规模小，生产效益低。目前我国农户户均农地规模仅0.5公顷，相当于欧盟的1/40，美国的1/400。即使在一定时间内将现有一半农村人口和劳动力转移出去，农业经营规模扩大一倍，规模化水平仍然很低。由于受农业资源条件和农业劳动力转移进程制约，我国农业小规模生产基本特征难以改变，与世界农产品出口强国竞争力的差距将长期存在，并且将随着我国农业劳动力机会成本的上升而进一步扩大。此外，即便是我国传统的劳动密集型出口优势产品，面对开放条件下发达国家越来越严格的检验检疫标准等绿色贸易壁垒，其出口竞争优势也有一定程度的丧失。在高度市场竞争的国际环境下，我国农业面临来自农业强国的竞争更为直接和激烈，农产品特别是大宗农产品竞争力较弱的问题将更为突出。

3. 农业产业将面临更加开放的环境，维护农业产业安全的任务更加艰巨

在全球化进程中，我国积极参与多边和双边经济合作，不断扩大农产品对外开放。在多边贸易方面，我国严格履行"入世"承诺并已成为农产品市场开放程度最高的国家之一，农产品平均关税已降到15.2%，不足世界平均水平的1/4。在双边谈判方面，除中国—东盟、中国—新西兰、中国—智利等九个已签署的自由贸易协定外，我国与澳大利亚、挪威等五个自贸区已进入谈判阶段，与印度、韩国自贸区也已进入可行性研究阶段。但是，无论在双边还是多边环境下，我国农业都将临对更加开放的压力和市场竞争，维护产业安全任务艰巨。在多哈回合谈判中，美国与新兴经济体之间的矛盾贯穿于各个层面和领域，谈判形势日趋复杂，不利于已达成共识的谈判成果，更不利于最终达成符合发展中国家利益的农产品国际贸易规则。例如，美国无视中国等新加入成员在"入世"过程中做出的重大贡献，挑战这些成员的灵活性待遇，针对粮、棉、油及肉类、果蔬等向中国提出新要价。在双边谈判中，澳大利亚等农业强国与我国进行的双边自贸区谈判，对我国大宗农产品开放市场提出高要价，要求我国放开棉花、食糖、乳制品市场。如此一来，一旦达成相关谈判协议，维护国内农业产业安全的任务将更加艰巨。

4. 非传统因素对国际农产品市场影响日益显著，国际市场风险性和不确定性增加，农业产业将面临更加复杂的市场环境

近年来粮食危机和金融危机引发的一系列变化表明，世界农产品市场影响因素增多，能源、金融等非传统因素作用增强，贸易环境趋于复杂，不确定性进一步增加，这使保证国内农产品市场稳定面临新的挑战和更大风险。例如，石油等矿物能源价格的大起大落通过影响化肥、农药、农膜等农业生产资料及农产品运输直接对国际粮食市场造成巨大影响；生物质能源的发展不仅增加了对农产品的非传统需求，而且打通了农产品市场与能源市场的价

格通道；石油价格的频繁波动直接传递到玉米、大豆、食糖和油菜籽等农产品市场，使二者密切联系，相互作用；金融投机资本在农产品和能源两个市场上的大进大出也成为农产品价格大幅波动的重要刺激因素；以大型跨国企业为主导的供应链将逐渐通过直接投资的形式控制全球农业的上下游产业，并凭借其技术优势、管理优势和规模优势企图垄断全球农产品市场。未来世界农产品市场竞争将由价格竞争演变为垄断竞争，由单纯生产层面的竞争演变为整个供应链的竞争，由资源禀赋的竞争演变为技术、管理和人才的竞争，正常的农产品竞争秩序将受到挑战。这些非传统因素的出现和对市场主导作用的增强大大增加了国际农产品市场的变数和不确定性。开放条件下这些因素通过信息、贸易和投资等多种渠道向国内市场快速传递，给我国建立在众多小规模农户基础上的、十分脆弱的供求平衡形成了挑战，使国内农产品市场的波动周期缩短、波动频率加大，农产品市场环境更加错综复杂。

（二）我国农业支持现状及存在问题

加入WTO后，随着我国综合国力的不断增强和国家对"三农"问题的重视，在"以工补农，以城带乡"和"多予、少取、放活"两个基本方针的指导下，国家出台了一系列有利于农业、农村和农民的支持保护政策，农业支持政策由流通环节向生产环节转移，由补贴消费者向补贴生产者转型，初步形成了以价格支持为基础，以直接补贴和一般服务支持等功能互补、综合补贴和专项补贴相结合的农业补贴政策框架。

1. 我国农业支持政策现状

（1）价格支持政策

粮食最低收购价政策。2002~2004年，国家在全国范围内逐渐取消了之前实行的保护价政策。粮食最低收购价政策是在2004年全面放开粮食购销市场和价格的背景下制订的，旨在充分发挥以市场机制为基础的宏观调控作用。为保护种粮农民利益、保证粮食市场供应和保障国家粮食安全，国家对重点粮食品种实施最低收购价政策，适用于粮食主产区的稻谷和小麦。2004年出台了稻谷最低收购价政策，2005年该政策正式启用。随后，2006年实施小麦最低收购价格政策。最低收购价格在粮食播种季节前公布，以指导农民的生产行为。根据《早籼稻/中晚稻/小麦最低收购价执行预案》规定，在最低收购价格适用期间内，当粮食市场价格低于最低收购价格时，中央储备粮管理总公司（以下简称中储粮总公司）及其有关分公司、主产区地方储备粮管理公司、主销区省级储备粮管理公司等政策执行主体，在相关粮食主产区按照最低收购价格挂牌收购农民交售的新粮；当市场价格高于最低收购价格时，则不启动或及时退出最低收购价收购。

粮油临时收储措施。2008年起，国家启用临时收储作为调控玉米、大豆及油菜籽等收购市场的重要手段。与此前实施的最低收购价政策相比，临时收储政策有两个特点：一是收储的产品属于非口粮、产业链较长的产品，这些产品的市场国际化程度相对较高；二是收储价格在产品快上市时才确定，目的是保证制定的价格与市场价格较为接近。该政策适用于东北主产区的玉米和大豆，以及湖北、四川、安徽等17个油菜产区的油菜籽，旨在保护农民利益和促进农民发展粮油生产的积极性，维护粮油市场稳定。中储粮总公司受国家委托，承担国家临时收储任务，安排直属企业或委托有一定资质的国有或民营粮油企业按国家确定的临时收储价格挂牌收购农民交售新生产的粮油产品，严禁收购库存陈粮和国外进口转基因大豆。2008年，国家采用下达临时收储计划的方式，根据收购进度和市场情况，及时下达后续年份的收购计划。2009年与2010年，对大豆和玉米开始实行不限量敞开收购。

冻猪肉收储措施。猪肉的临时收储措施始于2008年，当时国内生猪价格过度下跌，使养猪农户利益损失巨大，引起社会广泛重视。为防止生猪价格过度下跌和稳定生产，国家采取发布预警指标和综合调控措施，促使猪肉与粮食比价、仔猪价格、生猪存栏、能繁母猪存栏等指标保持在合理范围内。建立政策性猪肉临时储备制度的主要目的是保护商品生猪养殖产业，防止"猪贱伤农"。下跌政策调控目标是猪粮比价不低于5.5：1。当猪粮比价连续四周处于6：1~5.5：1之间（价格轻度下跌），根据市场情况适当增加必要的中央和地方猪肉储备。当猪粮比价连续四周处于5.5：1~5：1之间（价格中度下跌），通过财政贴息鼓励大型猪肉加工企业增加商业储备和猪肉深加工规模，进一步增加中央、主销区和沿海大中城市地方冻肉储备，适当增加地方政府的活体储备。当猪粮比价低于5：1（价格重度下跌），大幅度增加中央政策冻肉储备，适当限制猪肉进口、鼓励猪肉及制品出口。

（2）补贴政策措施

粮食直补。1999~2003年国内粮食总产量不断下降，2003年仅为4.3亿吨，成为自1990年起粮食产量的历史最低水平，引起政府高度重视。为调动农民种粮积极性，促进粮食生产稳定发展，2004年中央"一号文件"中提出，要对粮食主产区的种粮农民实行直接补贴，也鼓励非主产区对种粮农民实行补贴，旨在补偿粮食生产成本并使种粮农民获得适当收益。具体补贴的粮食品种及补贴标准由省级人民政府根据国家的指导性意见，结合本地实际情况自主制定。可以按照计税土地面积、计税常产或粮食种植面积进行补贴。粮食主产区原则上按种粮农民的实际种植面积补贴。财政部门利用中国农民农业补贴网和"一卡（折）通"，在规定时间内将补贴资金一次性给种粮农户。实施过程中大多省份按照农村税费改革时核定的计税土地面积发放，与粮食实际种植面积等并无关联。2008年以来，补贴总额和补贴标准几乎不再调整，补贴总额一直维持在151亿元的水平。

农资综合补贴。考虑到柴油、化肥等主要农资价格变动对农民种粮增支的影响，2006年起中央财政安排农资综合补贴资金，以减少种粮成本，缓解农资价格上涨对农民种粮的影响，保障种粮合理收益。补贴对象为农民种粮柴油、化肥、农药、农膜等农业生产资料补贴。补贴标准是统筹考虑柴油、化肥等主要农资价格变动对农民种粮增支的影响，保持存量补贴不变，新增补贴资金向粮食主产区倾斜，向粮食增产快、商品量大、优质稻谷产量多的地区倾斜，鼓励多产粮、多调粮、产好粮。具体补贴方案由省级人民政府按照补贴政策目标和资金分配原则，根据实际情况自主制定，但原则上按照粮食实际种植面积补贴。2009年开始实行动态调整，坚持"价补统筹、动态调整、只增不减"的基本原则，主要方案是如果粮价走高，则补贴水平与上年持平，如果粮价走低，则增加补贴。补贴依据仍是以柴油增值和化肥使用量和价格为参考。补贴资金发放利用已建立的粮食直补渠道，一次性直接拨付到农户。2009~2010年综合补贴资金分别为795亿元和835亿元。

良种补贴。为鼓励农民使用优良农作物品种，加快优质良种推广步伐，促进农业区域化布局、规模化种植、标准化管理和产业化经营，2002年起，中央陆续对农民种植大豆、小麦、水稻、玉米、棉花和油菜等农作物进行良种补贴。补贴对象为生产中使用农作物良种的农民和农场职工。根据"政策公开、直补到户、据实结算"原则，按照中央规定的补贴标准和农户实际种植品种及种植面积，对水稻、玉米、油菜、花生良种采取直接补贴，实行良种推介、自愿购种、直接发放；对小麦、大豆、棉花、青稞良种采取差价供种或者现金补贴。补贴标准为早稻、小麦、玉米、大豆、油菜、青稞、花生10元/亩；中稻（一季稻）、晚稻、棉花15元/亩。农作物良种补贴水平不断增加，从2002年的1亿元快速增长至2009年192亿元，2010年预算安排达194亿元。此外，为加快畜产品品种改良，提高养殖效益，促进畜牧业增长方式转变，2005年起国家陆续对奶牛、生猪和能繁母猪、肉牛、绵羊进行良种补贴。2010年中央财政共投入9.9亿元专项资金推进全国畜禽品种改良，其中生猪6.5亿元，奶牛2.6亿元，肉羊2 000万元，绵羊6 000万元。

农机具购置补贴。2004年开始，主要为鼓励农民购买先进适用的农业机械，加快推进农业机械化进程，提高农业综合生产能力，促进农业增产增效、农民节本增收。补贴对象是农民、农场职工、农民专业合作社、直接从事农机作业的农业生产经营组织，以及奶畜养殖场所办的和乳品生产企业参股经营的生鲜乳收购站等。补贴种类逐步扩大到12大类和45个小类180个品目。农机具购置补贴区域内的补贴对象提出见机（系补贴目录中的农机具）申请，通过资格审查后签订购机补贴协议。补贴专项资金只拨到省级财政部门。补贴方式采用差价补贴：农民在购机时，只交纳扣除补贴金额后的差价款即可提货，补贴资金由财政部门统一与供货方结算。补贴标准包括：①全国总体上执行30%的补贴比例，汶川地震重灾区县、重点血防疫区补贴比例可提高到50%；②单机补贴额原则上最高不超过5万元，部分大型机械可以提高到12万或20万元。2010年预算安排达154.9亿元。

农业保险保费补贴。2007年中央出台《农业保险保费补贴试点管理办法》，规定中央确定的补贴险种的保险标的为种植面积广、关系国计民生、对农业和农村经济社会发展有重要意义的农作物或畜牧产品，目的是支持建立农业保险制度，引导农户、龙头企业参加农业保险，构建市场化的生产风险保障体系，提高灾后恢复生产的能力，增强农业抗风险能力。对于中央规定的补贴险种，省级财政部门承担25%的保费，财政部再承担25%，其余部分由农户承担，或者由农户与龙头企业，省、市、县级财政部门共同承担，具体比例各省自主确定。投保农户直接根据应该承担的比例缴纳保费。补贴品种包括玉米、水稻、大豆、棉花、小麦、花生、油菜、马铃薯、青稞等种植业产品，能繁母猪、奶牛、育肥猪、牦牛、藏系羊等畜产品，以及商品林、公益林、天然橡胶等。种植业补贴符合的责任是人力无法抗拒的自然灾害对投保农作物所造成的损失，补贴金额原则上为标的物生长期内所发生的直接物化成本；养殖业补贴险种的责任为重大病害、自然灾害和意外事故所导致的投保个体直接死亡，保险金额参照投保个体的生理价值（包括购买价格和饲养成本）确定。

退耕还林补贴。1999年开始，国家主要用于退耕农户退耕后持续医疗、教育、日常生活等必要开支的专项补助资金，以及原退耕还林政策补助期满后解决退耕农户生活困难的专项补贴。国家向退耕农户每亩补贴50元和种苗费；按长江流域每亩150千克、黄河流域每亩100千克的标准补助原粮，并按每亩20元的标准补助生活费。国家每年根据退耕面积核定各省补助总量。2004年，国家补助原粮的做法调整为直接向退耕农户发放现金方式。2007年，长江流域及南方地区每亩退耕地每年补助现金105元，黄河流域及北方地区每亩退耕地每年补助现金70元，原每亩退耕地每年20元现金补助，继续直接补助给退耕农户。1999~2009年，累计投入资金4 300多亿元，实施退耕还林4.15亿亩。其中，2008年退耕还林补贴达360.8亿元，2009年达480.3亿元，2010年中央财政预算投入343.3亿元。

退牧还草补贴。2003年开始，主要是保护和恢复西北部、青藏高原和内蒙古的草地资源，以及治理京津风沙源，国家对退牧还草的牧民给予生态补偿。主要采取禁牧、休牧和划区轮牧三种方式进行。2011年8月起，开始采用新的措施完善退牧还草政策，包括合理布局草原围栏、配套建设舍饲棚圈和人工饲草地等。此外，提高中央投资补助比例和标准。围栏建设中央投资补助比例由现行的70%提高到80%，地方配套由30%调整为20%，取消县及县以下资金配套。青藏高原地区围栏建设每亩中央补助由17.5元提高到20元，其他地区由14元提高到16元，补播草种费每亩中央补助由10元提高到20元，人工饲草地建设每亩中央投资补助160元，舍饲棚圈建设每户中央投资补助3 000元，中央投资总额的2%安排退牧还草工程前期工作费。另外，从2011年起，在工程区内全面实施饲料粮补助改为草原生态保护补助奖励。对实行禁牧封育的草原，禁牧补助为每亩每年补助6元，补助周期5年；对禁牧区域以外实行休牧、轮牧的草原，对未超载的牧民，按每亩每年1.5元的标准给予草畜平衡奖励。

（3）一般服务支持措施

主要是一系列农业一般服务支持措施，如"稳产高产"的大型商品粮生产基地建设，田间工程及农技服务体系建设，生猪和奶牛标准化规模养殖场建设，产粮大县、产油大县和生猪调出大县奖励，农业综合开发项目，全国农业科技入户示范工程，农民专业合作社支持项目，农技推广体系建设，测土配方施肥补贴，劳动力转移培训阳光工程，新型农民科技培训工程等。

2. 我国农业支持政策存在的问题

虽然我国农业支持保护政策不断调整和改进，但与成熟发达的农业强国相比，我国农业支持政策仍然存在以下六个方面的问题。

（1）补贴政策框架缺乏系统安排

随着补贴政策的陆续出台，我国逐渐形成了多目标、多领域的补贴政策体系，但是整个农业政策体系仍然缺乏系统性和全局性思考。首先，政策导向变化比较频繁，缺乏连贯性。例如在2003年之前，农业补贴政策具有明显引导农户进行结构调整，发挥市场经济作用的倾向。2004年以来，由于粮食总产不足，农业补贴政策又逐渐走向促进粮食生产。其次，部分政策具有临时性的特点。例如2007年为了防止猪肉价格过度下跌，缓解生猪生产下滑，国家临时出台能繁母猪补贴政策，但2009~2010年停止实施，2011年又重新实施。最后，部分补贴政策是从原来的间接补贴转变而来的，缺乏对补贴政策体系的全盘考虑和系统安排。例如对种粮农民的直接补贴是从原来的保护价收购转化来的，从粮食风险基金中列支；农资综合直补则是在柴油、化肥等农资涨价的背景下出台的，从国家石油特别收益中列支。这两项直接补贴政策在政策功能上如何区分，还没有明确的定位。这都表明我国完整的农业补贴政策框架还远未形成。

（2）现有政策体系仍缺乏促进农业可持续发展的相关政策设计或具体措施

当前我国农业国内支持政策仍围绕引导农户行为、实现粮食增产和农民增收等方面。但是，在缓解和应对气候变化、保护生物多样性和水土资源管理等实现农业可持续发展方面的政策设计和关注还远远不够。一方面，类似目标的提出仍比较笼统，目前只是明确应该实现农业可持续发展，但包括几个方面、如何实现、各个目标之间如何协调和平衡等具体问题的回答并不清晰，还未设计出切实可行的实现途径或方法。另一方面，上述目标大部分并未落实到具体政策，例如，应对气候变化、保护生物多样性等目标的详细措施还未出台；部分政策或还处于起步或摸索阶段，例如环境保护。尽管如退耕还林、退牧还草等政策涉及环境保护，但这类政策无论从宣传力度、支持水平或农户的认知程度上都不能与上述四大补贴政策相比。

（3）农业补贴政策之间以及与其他农业政策缺乏协调配合

一方面，各种农业补贴政策之间缺乏配合与协调。例如对水稻和小麦，同时实施有种粮直补和最低收购价政策。然而二者在政策功能、政策目标上没有予以明确的定位与分工。此外，为了刺激生猪生产，国家在2007年出台了能繁母猪补贴、能繁母猪保险补贴、疫病救助和生猪大县奖励等补贴政策，但对于养殖户所面对的最大的市场风险方面，并没有及时出台相应的支持政策。另一方面，农业补贴政策与公共服务、基础设施建设政策之间也缺乏配合和协调。例如农业科技入户补贴和农业科研之间、小型农田水利设施建设与国家大中型农业基础设施建设项目之间都没有形成有效的协作和配合，这容易造成重复补贴和补贴资金效率低下。

（4）部分政策操作方式不够完善，使政策效果与政策目标不一致

目前，中国现有"四大补贴政策"在补贴方式选择与执行中，虽然通过简化操作方式提高了管理效率，但降低了补贴刺激种粮的政策绩效，未能达到政策目标。这体现在三个方面。第一，在"两直补"实际工作中，即使部分省以实际播种面积为准，按计税土地承包地面积的补贴方式仍被大多数省份广泛应用，基层落实中也多变更为按计税面积。"两直补"成为"土地直补"，而非"种粮直补"，且没有考虑当前农村土地流转与土地总量变化，补贴受益者与实际种粮者常脱钩，例如农户虽然将土地流转给其他农户，但其仍可获得补贴。这表明粮食生产决策与补贴金额之间已经没有关联，粮食直补和农资综合补贴已经由调动农民种粮积极性、促进粮食生产转变为单纯的对农户的收入支持。第二，农资综合补贴与良种补贴等同"加强版"粮食直补，两者在实际操作中均广泛采用发放现金的补贴方式，因而失去原有政策意义。前者虽旨在弥补农民生产资料价格上涨损失，但对农户资金用途无有效监测；后者虽然提升了良种采用率，但多数地区往往是以水稻、小麦、玉米等重要粮食作物大类为补贴品种，并不具体区分补贴品种是否采用良种。第三，农机补贴品种和机具与区域实际需求存在脱节。例如部分省份在补贴目录制订、农机生产企业选择、补贴机具经销商的甄别中完全由政府部门操作，忽视农民实际需求意愿，易产生地区供需矛盾。此外，农机具属相对高成本的固定资产，购置需求有饱和值，部分地区尤其是非粮食主产区忽视农机具现有存量，为迎合政策而片面强调增量供给。还有部分地区对农户因受补贴诱导购置农机具，而购买后较少使用，存在拿回补助而"虚置"或图谋差价而"转卖"等问题。

（5）农业支持水平仍然较低

近年来我国不断加大农业投入力度，但是真正用于改善农业生产条件和用于提高农产品产出水平的投入并不多，而且在国家财政支出中的比例呈现下降趋势。在所有农业补贴中，若扣除税费减免以及对种粮农民的直接补贴和农资综合直补之后，剩下的生产性专项补贴规模并不大。例如，小型农田水利设施补贴、新型农民技术培训、科技入户补贴规模都较小，实施范围也仅限于少数项目区；提升土壤有机质补贴、苹果套袋补贴等专项资金的规模更小，实施范围非常有限，难以从整体上起到引导农民生产行为的作用。OECD（经济合作与发展组织）的数据显示，中国的农业补贴率从1994年的0.7%增加到目前的16.1%，2007~2009年平均为9.1%，即农业总收入中的9.1%用于农业补贴。但与发达国家相比，中国农业生产者补贴水平仍然较低，如2007~2009年OECD国家农业补贴率平均为21.7%，挪威为61.1%，韩国为52.1%，日本为47.3%，欧盟为23.3%，发展中国家土耳其和墨西哥分别为34.2%与12.5%，也高于我国。

（6）农业支持资金的确定具有主观性，缺乏客观计算标准和稳定增长机制

尽管有相关法律规定，中央和县级以上地方财政对农业总投入的增长幅度应当高于其财政经常性收入的增长幅度，但由于相关政策规定非常笼统，没有明确的管理办法和监管机制，实际执行操作和监督比较困难。近年来出台的许多补贴政策措施也只有相关文件或执行办法。从一定意义上说，农业补贴金额的确定机制缺乏制度和法律的"硬约束"，没有建立起财政支农资金稳定增长的长效机制。尽管从绝对量角度来看财政支农资金是不断增长的，但是具体到各个专项补贴资金和各个地区，补贴金额明显缺乏连贯性，且具有随意性和很大的不确定性。除了种粮直补和农资综合直补等普惠政策，其他专项补贴大多在项目区展开，而项目区的选择和补贴资金标

准是变化的，客观上造成了项目专项补贴政策的不稳定性，影响了政策的实施效果。

（三）主要国家农业国内支持政策经验借鉴

在经济发展过程中，对农业进行保护早已成为各国的普遍共识。农业支持政策的实施已有百年历史。多年来，发达国家积累了一系列农业国内支持政策的实施经验，对于我国这样正处于政策初始阶段的国家来说，具有借鉴意义。总体来说，主要国家在国内支持政策的实施和调整上有如下六个方面的特点。

1. 工业化进程中各国普遍大规模反哺农业

随着经济的发展，各国工业化和城市化进程不断加快，农业生产机会成本上升，逐渐丧失比较优势。由于农业发展面临诸多新的问题和挑战，各国逐渐意识到支持农业的重要性，农业保护诉求随之持续高涨。加上各国政府财力不断增强，农业政策普遍开始由对农业征税向补贴农业转变。例如美国、日本和韩国，都先后在其工业化中期阶段开始实行农业保护。

1933年《农业调整法》的颁布标志着美国实行农业国内支持政策的开始。20世纪30年代美国已进入工业化中期发展阶段，但随后爆发了经济危机。在大萧条时期，美国为重振经济，第一次以立法的形式正式实施农业保护政策，直接干预农业生产及农产品市场，开启了现代社会对农业进行全面保护的先河。《美国农业法案》随之应运而生。对于日本，在20世纪六七十年代人均GDP达到5 000~10 000美元的水平，已经进入了中等收入和工业化中期阶段。也是同一阶段，随之而来的是农业比较优势逐渐丧失，农业与非农产业的劳动生产力水平差距逐渐扩大，因而二者收入水平差距变大。但是，随着国内农户组织力量的加强，农业开始对日本政治产生影响力。为了避免由于农业与非农产业收入差距而导致社会冲突，日本政府认识到需要对农业进行保护。此外，由于日本消费者生活水平不断提高，恩格尔系数急剧下降，因而消费者对农业保护政策非常宽容，这都为政府实施农业支持政策提供了良好的政治和舆论环境。日本正是在这段时期进入大规模反哺农业阶段。

与日本不同，20世纪70年代开始，韩国政府即开始对稻米和大麦实行价格支持政策。但当时主要是为解决国内的粮食安全问题，整体仍然是剥夺农业来补贴工业发展。韩国大规模反哺农业是从20世纪80年代开始。在这个阶段以制造业为龙头的工业迅速发展，人均GDP达到4 103美元，农业产值占GDP比重下降至14.5%，农业劳动力占总劳动力的比例也下降至34%，而城市化率则迅速提高至57.3%（表8-4）。这一阶段韩国的农业发展仍较缓慢，工业化、城镇化占用了大量耕地，农村大量劳动力向城市转移，农产品国内供给下降，城乡收入差距进一步拉大。因此，为了有效抑制耕地数量下降、提高农业生产效率、增加粮食产量和缩小城乡差距，韩国在其工业化中期阶段正式开始大规模补贴农业。

表8-4　工业化中期阶段部分国家大规模反哺期的国民经济结构

	时间	人均GDP（美元/人）	农业GDP比例（%）	工农GDP比例	农业就业比例（%）	城市化率（%）
美国	1929	6 907	9.5	74∶26	21	>50
英国	1947	6 306	6	88∶12	5.7	77.9
德国	1953	5 438	9	84∶16	18.5	72.6
法国	1954	5 963	12	77∶23	27	58.2
日本	1961	4 307	13	75∶25	31.2	63.5
韩国	1980	4 103	14.5	74∶26	34	57.3

数据来源：世界银行数据库

2. 保障有效供给和提高农民收入始终是农业支持政策的主要目标

随着各国经济发展，农业面临的形势和承担任务不同，农业政策的目标也在不断调整。即便如此，保障农产品供给和提高农民收入依然是最初的和最核心的目的。

美国农业政策的最初目标就是要稳定和增加农民收入。随着美国农业法案涵盖的内容越来越广，农业支持政策的目标也逐步多元化。目前美国农业支持政策的目标主要是保证农业经营者获得稳定的农业收益和保障国家粮食安全，还包括保护农业资源和生态环境、促进农产品出口和促进农村社会经济发展。

欧洲面对战后农产品供应不足问题。1962年共同农业政策的目标主要是保证食品供应、维持农村社区的生活水平、稳定市场以及以合理的价格提供足够的食物。20世纪80年代末，欧盟农产品开始过剩，财政负担过重。1992年通过改革共同农业政策将目标转变为提高欧共体农业竞争力、稳定农产品市场、为消费者提供多样化的产品、保护环境和维持稳定的共同农业政策财政支出。随后，面对日益突出的食品质量安全及环境问题，2000年欧盟将共同农业政策目标定位在提高农业竞争力、食品安全与质量、稳定农业收入，并在农业政策中整合了对环境的关注。

日本为解决经济高速发展时期工农收入差距过大问题，1961年《农业基本法》将农业政策的目标定为提高农业劳动生产率和缩小工农收入差别。1999年新《食物·农业·农村基本法》将日本农业政策目标设定为确保食品的稳定供给、努力提高粮食和食品的自给率；注重发挥农业的多功能性；强调农业的可持续发展，为农业多功能的发挥创造条件；振兴农村，促进不同地区及城乡的协调发展。

1967年韩国颁布的《农业基本法》中规定农业政策目标主要提高农业生产力，缩小农业与其他产业部门的生产力差距；增加农业收入，使农民享受到与其他产业工人一样的生活水平。20世纪50~70年代，政策目标主要集中在"提高作物生产力、实现大米的自给自足"。80年代开始将"缩小城乡居民收入"作为农业政策的主要目标，说明保障供给和促进农民增收也是韩国农业支持政策的最初和首要目的。1999年韩国新《农业农村基本法》进一步将农业政策的基本目标定位为提高农业生产力和农产品竞争力、培养和环境相协调的农业、将农村发展成保存固有传统和文化的产业和生活空间。

总的来看，农业发展阶段不同，各国农业支持政策的目标也不同。但农产品供给的数量和质量以及农民收入始终是所有农业支持政策的首要目标和核心目标。

3. 农业国内支持政策逐步由价格支持向补贴政策转型

为更加适应WTO规则，缓解居高不下的财政压力，发达国家开始逐步调减价格支持，转向实行补贴政策。

美国1996年《农业法》取消了目标价格支持，引入了直接补贴政策。2002年的《新农业法案》进一步加大了直接补贴力度，形成了"直接补贴""营销贷款补贴"和"反周期补贴"三重防线，对种植小麦、大米、棉花和油料作物的农场主提供了严密的收入安全网保护。另外，还有用于减少气候和灾害造成的风险和损失的特殊灾害补贴、农作物收入保险、目标价格及差价补贴、减耕计划等。作为不挂钩补贴的配套措施，2008年《农业法》规定了一项新的农产品收入支持政策，即平均作物收入选择计划，农户可以选择加入平均作物收入选择计划来保障收入。

20世纪90年代开始，迫于财政压力，欧盟共同农业政策也开始从传统的市场价格干预向补贴转移，补贴政策逐渐成为共同农业政策的主要组成部分。到目前为止，补贴政策经历了从最初的挂钩补贴过渡到脱钩补贴的过程。当前，欧盟的补贴政策包括单一支付计划（SPS）和单一区域支付计划（SAPS）两类。

受资源和竞争力等因素约束，日本与韩国的这种政策调整进程较为滞后。日本1998年开始实行按农产品类别实施的收入稳定计划，即当现行市场价格跌到前几年的平均价格之下时对农民提供补偿。2009年民主党执政后，开始实施"农户收入直接补贴制度"，即以单位面积销售价格低于生产成本的农作物为对象，并对单位面积销售价格和生产成本的差额进行直接补贴。韩国也在同一时期制定了直接支付方案并付诸实行，包括稻米收入补贴的直接支付、"环境友好型"农业的直接支付、不发达地区直接支付和乡村景观保护的直接支付等。

到目前为止，主要国家农业政策调整的方向基本经历了由价格支持向补贴政策转型。根据OECD测算，2011年，美国、欧盟、日本、韩国生产者支持中补贴部分分别达到270.4亿美元、909.7亿美元、147.0亿美元和21.6亿美元。其中欧盟、日本、韩国的补贴部分比1986年分别增加了5.5倍、2.3倍和42.2倍（表8-5）。美国、欧盟补贴占生产者支持比例接近90%，日本、韩国也分别达到了24%和10%（图8-15）。

表8-5 1986~2011年各国生产者支持中补贴的变化情况 （单位：亿美元）

年份 国家	1986	1990	2000	2010	2011
美国	262.6	174.8	351.5	241.7	270.4
欧盟	140.0	247.4	405.9	863.3	909.7
日本	45.2	45.3	58.9	109.7	147.0
韩国	0.5	7.3	8.4	20.3	21.6

数据来源：WTO数据库

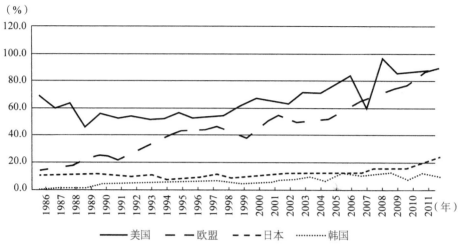

图8-15　1986~2011年各国生产者支持中直接支付所占比重

数据来源：WTO数据库

4. 补贴政策的实施以挂钩补贴为主，基于投入品的补贴份额有所上升

补贴政策分为脱钩补贴和挂钩补贴两类。虽然部分国家实施了大量的脱钩直接支付措施（如美国的直接支付政策和欧盟的单一农产支付政策），但是考虑到挂钩补贴既能有效稳定农民收入，又能间接激励农业生产，因而目前挂钩补贴仍然是发达国家选择的主要补贴方式。挂钩补贴包括基于产出的支付、基于投入的补贴和以当期产量（牲畜量、面积）为依据的补贴。

基于产出的支付对市场扭曲相对较大，如美国的"贷款差额补贴"、欧盟的"香蕉生产援助支付"以及日本的"肉牛养殖户直接补贴"和"核心农户直接支付"。但长期来看，各国选择这种方式的补贴从绝对量和相对量上看都有所减少。从绝对量上看，2009~2011年，美国、欧盟、日本基于产出的支付额平均分别为4亿美元、12.9亿美元和22.1亿美元。其中美国、欧盟比1986~1988年平均水平大幅下降87%和79%，日本则上升43.4%。从相对量上看，2009~2011年美欧日基于产出的支付占直接支付的比例分别为1.5%、

1.4%和20%，整体呈下降趋势（表8-6）。

表8-6　美欧日基于产出的补贴变化情况　　（单位：亿美元，%）

	1986~1988年	占生产补贴比例	2009~2011年	占生产补贴比例
美国	31.1	13.3	4.0	1.5
欧盟	61.3	38.3	12.9	1.4
日本	15.4	29.9	22.1	20.0

数据来源：WTO数据库

　　基于投入的补贴措施，如美国的能源补贴、环境质量激励计划、动植物健康检验服务以及各州的技术援助，欧盟的燃料退税、农业投资支出以及疫病控制支出，日本的农业保险和农技推广服务，韩国的信贷优惠支出和农业推广支出等。长期来看各国普遍加大了对这种直接支付方式的运用。2009~2011年美国、欧盟、日本、韩国基于投入的政策补贴平均分别为97亿美元、154.4亿美元、17.4亿美元和5.8亿美元。其中，美国、欧盟、韩国较1986~1988年增长0.37倍、1.79倍和5.44倍，日本下降15.53%，而占直接支付的比例分别为36.5%、17.4%、15.7%和31.8%，仅美国比例有所上升（表8-7）。

表8-7　美欧日韩基于投入的补贴变化情况　　（单位：亿美元，%）

	1986~1988年	占生产补贴比例	2009~2011年	占生产补贴比例
美国	70.6	30.3	97.0	36.5
欧盟	55.3	34.5	154.4	17.4
日本	20.6	39.9	17.4	15.7
韩国	0.9	75.6	5.8	31.8

数据来源：WTO数据库

　　基于当期产量（牲畜量、面积）为依据的支付，典型的措施主要包括美国的作物保险，欧盟不发达地区支付、环境友好生产支付，日本稻农收入支持（固定+可变），韩国的水田可变支付、环境友好直接支付等。除美国外，近年来各国普遍加大了这一直接支付方式的采用。2009~2011年美国、欧盟、日本、韩国基于当期产量（牲畜量、面积）的支付平均分别为78.5亿美元、198.7亿美元、31亿美元和6.8亿美元，除美国有所下降外，其余三国都较1986~1988年大幅上升，占直接支付的比例四国分别为29.6%、22.4%、28.1%和37.1%，其中，美国有较大程度的下降（表8-8）。

表8-8　美欧日韩基于当期产量的补贴变化情况　　（单位：亿美元，%）

	1986~1988年	占生产补贴比例	2009~2011年	占生产补贴比例
美国	122.3	52.4	78.5	29.6
欧盟	38.7	24.2	198.7	22.4
日本	0.0	0.0	31.0	28.1
韩国	0.3	24.4	6.8	37.1

数据来源：WTO数据库

综合来看，在挂钩补贴中，基于产出的支付由于扭曲程度较高被大幅削减；基于投入的补贴虽然也有一定的扭曲作用，但是由于农业成本的上升较快，各国都加大了在这方面的投入；基于当期产量（牲畜量、面积）的支付由于扭曲程度较小，既能规避WTO规则，又能兼顾农民收入及农业生产，近年来被各国广泛应用。

对于脱钩补贴，各国则基于各自国情考虑，选择是否采用。以欧盟单一农场支付以及美国固定直接支付为代表的完全脱钩补贴对经营规模大、竞争力强的农业优势国家更为适用，但对于日、韩等农业资源匮乏国家来说，相对不适宜，因而很少采用。

5. 价格支持始终是基础性措施，且支持重点更加突出

为适应WTO削减扭曲贸易补贴政策的原则和规则，20世纪末主要国家普遍进行了国内支持政策的调整。总体来看，主要国家农产品价格支持水

平均呈下降趋势。2009~2011年，美国、欧盟、日本、韩国的平均价格支持分别为38.4亿美元、192.8亿美元、431.9亿美元和169.7亿美元。除韩国较1986~1988年平均水平有所增加外，美国、欧盟大幅下降70.6%、78.7%，日本下降3.2%。价格支持占生产者支持（PSE）的比重也分别由1986~1988年平均的35.9%、85.0%、89.6%和99%下降至2009~2011年的12.6%、17.8%、79.6%和90.2%（表8-9）。

表8-9　美欧日韩价格支持变化情况　　（单位：亿美元，%）

	1986~1988年	占PSE	2009~2011年	占PSE
美国	130.8	35.9	38.4	12.6
欧盟	905.3	85.0	192.8	17.8
日本	446.0	89.6	431.9	79.6
韩国	119.2	99.0	169.7	90.2

数据来源：WTO数据库

　　由于发展中国家对农产品需求迅速上升以及生物质能源的发展，国际农产品价格持续上涨，因而近年来欧美等国价格支持水平不断下降。但是，价格支持水平和份额的下降并不能说明价格支持的作用和运用程度下降。由于价格支持政策指向明确，操作相对简单，作用直接，见效较快，对于日韩等补贴能力不强、保障农产品供给压力较大的国家来说，仍是一项首选的补贴措施。即使是在欧美等农业发达国家，价格支持政策也始终是其农业补贴政策体系的基石。例如，美国采取与信贷支持相结合的最低保护价制度，虽然70多年来对操作方式进行多次调整，但现行的营销支持贷款和差额贷款支付政策仍然是由最低保护价制度演变而来，成为美国农场安全网最关键、最基础的一个环节，主要商品的贷款率仍然对农产品价格起到了支撑作用。此外，欧盟的干预性收购、产品回收、产量及市场配额制度，日本的稻米价格支持政策和韩国稻米政策收购计划等，都具有最低保护价性质，在各国农业核心关注领域起到价格支持的基础保障作用。

虽然主要国家价格支持总体水平有所下降，但对于各国的重点农产品来说，价格支持仍然维持在较高的水平上。例如2009~2011年美国用于牛奶的市场价格支持（MPS）达19.5亿美元，占牛奶总支持水平（SCT）的90.3%，在整个MPS中占50.9%；对食糖的市场价格支持为8.5亿美元，占食糖总支持水平的96.1%，在整个MPS中占22.2%。欧盟对牛肉的市场价格支持为42.2亿美元。日本、韩国对大米的市场价格支持分别为132.1亿美元和34.1亿美元（表8–10）。

表8–10 2009~2011年美欧韩日重点农产品价格支持变化情况（单位：亿美元，%）

国别	支持产品	价格支持量	占SCT	占MPS
欧盟	牛肉	42.2	56.5	21.9
	禽肉	53.2	99.0	27.6
	马铃薯	12.9	89.4	6.7
美国	食糖	8.5	96.1	22.2
	牛奶	19.5	90.3	50.9
韩国	大米	34.1	89.0	6.7
	牛肉	10.4	100.0	2.1
	猪肉	20.2	100.0	4.0
日本	大米	132.1	86.9	10.2
	牛奶	39.0	92.1	3.0
	猪肉	40.2	98.8	3.1

数据来源：WTO数据库

6. 农业产业政策与贸易政策间协调性更强

随着各国农业政策目标的多元化，各项农业政策之间的协调显得尤为重要。主要国家在各项措施的实施中都尽可能地考虑到了补贴支持政策之间的配合性和协调性。例如，在国内支持和贸易政策协调方面，欧盟形成了以干预价格、目标价格和门槛价格为基础的政策体系。为农户出售农产品设置干预价格，在市场价格低于干预价格时提供差额补贴，可以在保障农民收入的同时提高农民生产积极性；为稳定市场设置目标价格，则配合以通过动用储备等措施平抑价格波动；为避免进口冲击而设置门槛价格，并通过征收关税使欧盟市场价格长期高于国际市场。总之，各项政策间的协调配合保证了欧盟农产品供给和价格稳定，极大地促进了农业发展。此外，日本、韩国多年来之所以能够保持国内稻米高价，关键是在采取价格支持的同时，也采取了严格的进口保护措施。在农民收入政策与价格支持政策协调方面，美国通过支持贷款计划设置农产品底价，为农户生产提供金融贷款；通过直接支付实施直接补贴农民收入，并配合以反周期支付、平均作物收益选择支付以及农作物保险共同构建农产品价格和农民收入安全网。同时，注重协调国内补贴与边境保护措施。可见，主要国家在实施政策时，并不仅仅靠单一措施，而是配合和辅助以其他相关政策，以更好地实现和平衡农业支持政策的各种目标。

（四）政策建议

目前，我国农业国内支持政策在保障粮食生产和提高农民收入等方面已取得了一定的效果。但是，我国农业基础仍然薄弱，最需要加强；农村发展仍然滞后，最需要扶持；农民增收仍然困难，最需要加快。从长远来看，保障粮食安全，确保主要农产品基本供给，促进农民增收仍是我国农业现代化建设不可逾越的历史任务和保持国民经济健康运行的战略需要。因而，未来一段时间我国农业政策目标仍应以保障粮食等重要农产品有效供给为主，兼顾农民收入。进一步加大农业补贴力度，扩大支持范围，强化农业发展基础，不仅有利于实现"保供给、促增长"的农业支持政策核心目标，也对今后实现农业可持续发展的长远目标具有重大意义。这需要遵从 WTO 规则，进一步设计出适合我国国情的政策体系，提高农业国内支持政策的实施效果，以促进农业可持续发展的实现。

现阶段，我国可构建以价格支持为基础、以直接补贴为主体的农业国内支持框架体系，进一步完善现有措施，建立新的补贴支持机制，探索新形势下强农和惠农的新思路、新方法和新途径。

1. 建立"农业补贴基础信息管理系统"

建立包含全国各个农户土地承包与种植面积的地理信息、种植产品信息等全方位基础性数据库信息系统，以便能够准确甄别和确定各农户的产量、种植面积等情况，为基于产量和面积等挂钩支付政策的实施奠定基础。有关部门应充分应用卫星遥感等现代信息技术，结合农户承包地登记、确权及农业普查等工作，率先在粮食主产区建立以农户为单位的耕地资源与粮食种植面积基础数据库和土地空间信息管理系统，为今后开展各类政策性补贴、农业保险、粮食估产等工作奠定技术基础。

2. 合理利用粮食等战略农产品的价格支持政策

价格支持措施对调动农民积极性、促进农业生产和增加农民收入作用最直接，影响最显著。因而未来我国农业支持政策仍应以价格支持政策为基础，但是在产业选择、支持方式以及政策细节上应进一步完善。

完善最低收购价政策，合理确定最低收购价水平。继续完善最低收购价政策，应逐步提高最低收购价格水平。统筹考虑生产成本、利润水平、市场供求、不同品种之间比价及国际市场价格等多种因素，合理确定最低收购价格，保证最低收购价提价幅度高于生产成本上涨幅度。坚持实行单一政策执行主体，明确执行主体的权利和责任，防止多元主体带来的利益争夺与责任推诿。建议充分发挥中央储备粮垂直管理体系的优势以及保障能力与执行能力，将国家调控粮源集中纳入垂直管理体系的直接控制之下，提高政策执行效率。加快建立制度化的政策启动与退出机制。例如，在新粮上市期间，当市场平均价格低于国家规定的最低收购价格，即启动最低收购价收购；当市场价格回升至最低收购价格水平之上，则要求政策执行主体必须自动停止或及时退出收购；如果最低收购价收购量达到市场流通商品量的30%~40%，有关部门应及时发出预警信号，结合市场价格走势等情况，放缓或退出最低收购价收购，尽可能地给其他市场主体预留足够的商品粮，消除部分企业抢购或囤积的动机。

将重要农产品的临时收储政策逐渐过渡为价格稳定政策。在临时收储政策基础上，对大豆、玉米、食糖、棉花等受国际市场影响大、市场波动剧烈的产品，实行稳定价格带措施。其基本作用机制为：当市场价格低于政府确定的最低保证价格时，为维护农民利益、保护农民生产积极性，政策执行机构按照最低保证价格挂牌收购农民交售的农产品；当市场价格高于最高干预价格时，为保证市场平稳运行，政策执行机构将农产品储备投放市场，增加供给、平抑价格；当市场价格处在稳定价格带以内，政府对价格不采取干预措施，由市场机制自发调节价格。如政府掌握的储备不足，可以通过紧急进口等措施增加市场供给，使价格稳定在可控范围内。

实现各项价格支持政策的协调统一。第一，合理确定调控价格水平。统筹考虑经济发展、消费者以及上下游产业的承受能力和成本收益等因素，合理确定最低保证价格和最高干预价格。要注重与市场调节机制有机结合，充分发挥市场配置资源的基础性作用。第二，抓紧建立重要农产品价格预警系统。建议建立中国粮食等主要农产品价格预警监测信息系统，及时发布重要产品的供求、价格等信息，合理引导市场预期。第三，明确政策执行主体。最低保证价格收购与价格平抑调控互为一体，建议由同一政策执行主体承担。第四，建立粮食等重要农产品调控储备。借鉴目前粮食专项储备、政策性临时储备的经验，探索建立重要农产品调控储备，专门用于稳定市场价格。需要注意的是，调控储备量不宜掌握过多，避免形成市场不稳定预期，以免加剧价格波动。最后，注意保持各项政策的基本稳定，以免造成政策冲突。

3. 进一步加强直接支付政策措施

必须意识到，在WTO规则的约束下，我国价格支持的空间可能已经不大。且国际经验也表明，各国普遍开始从价格支持向直接支付转变。因而未来我国农业政策重点应该放在直接补贴政策上，在补贴资金规模的扩大以及直接支付政策的设计和方式选择上多下工夫。

加强现有直接补贴措施。在政策执行上，要进一步完善补贴操作办法，加强政策执行的监督与管理，加大对违规违纪行为的处罚力度，确保农民成为真正的受益主体。具体来看，对粮食直补政策，要进一步增加其补贴资金总量，以刺激农户生产积极性。对农资综合补贴，按照"价补统筹、动态调整、只增不减"原则，实施动态调整机制，新增补贴资金应重点向粮食主产区倾斜，着力提高主产区种粮农民的补贴强度。对良种补贴，应着力提高重点品种补贴力度，逐步取消差价供种的补贴方式，全部采用直接现金补贴农户的办法，尽快与实际种植面积有效挂钩。对农机购置补贴，应重在完善补贴操作办法，探索申请补贴、选机购机和补贴报销相互分离的操作方式，切实加强补贴执行的管理和监督；充分考虑农机具存量结构与分布，使补贴资金向农机动力不足的粮食主产区倾斜，因而更具有针对性。

稳步推进差价补贴措施试点工作。对东北主产区的大豆，以及长江中下游等主产区的油菜籽产区，试点实施差价补贴措施。即政府预先确定大豆、油菜籽的目标价格，农民按市场价格进行销售。其实施机制为：当市场价格低于目标价格时，按两者之间的差价给予农民补贴；若市场价格高于目标价格，则不启动该政策。如果该试点取得成功，建议逐步推广到水稻以及具有类似特点的棉花、食糖等农产品，探索建立目标更加清晰、作用更加直接、操作更加简便、效果更加显著的新型农业价格支持与补贴政策体系。

探索新的专项直接补贴措施。研究设计针对重要农产品、关键环节的专项补贴措施鼓励生产的政策支持新机制，缓解农产品供需矛盾。第一，水稻专项补贴。建议以水稻作为试点，抓紧研究与农民种稻面积或交售商品粮数量挂钩的水稻专项直接补贴。可考虑采取如上所述的差价补贴，或价外加价等办法，与已有的最低收购价、种粮补贴配套进行实施。建立鼓励水稻生产的政策支持新机制，缓解水稻供需紧张矛盾。第二，专业农户补贴。对粮食主产区经营耕地面积在一定范围内（如30~150亩，需要科学合理的确定），且主要从事粮食生产的农户，按粮食实际种植面积给予补贴。种植规模较大的商业化农户（如150亩以上），由于能够获得高于平均水平的利润，因此可不纳入补贴范围。第三，农业金融信贷利息补助支持。建议采取项目申请的方式，对专业农户用于农田水利等基础设施建设自主投资，给予定额的直接投资补助；对商业化种粮大户，给予信贷利息补贴或者提供低息贷款。第四，建立农业环保专项补贴。以粮食主产区的专业农户为补贴支持对象，鼓励农户对采用资源节约、环境友好、低碳技术等生产方式导致的损失，并给予一定奖励或补贴。

4. 加强相关农业贸易政策与产业政策的统筹协调

当国内农产品供给充足且农业产业发展情况良好时，要切实发挥边境保护措施的"门槛"作用。充分利用关税、关税配额管理以及非关税措施等加强对大宗农产品的合理保护，避免进口对国内价格的严重打压。当国内确实供不应求且国内外价格差较大时，要借鉴其他国家的调控经验和管理办法，对进口进行合理调控，在满足国内需求的同时兼顾国内产业发展。例如针对当前大宗农产品全面净进口的情况，应尽早研究制定谷物等超配额进口关税政策和管理办法。在考虑配额内外关税差异较大的基础上，采取既能确保产业安全又有利于贸易平稳发展的过渡性办法。针对国际农产品市场波动性、不确定性和风险性不断加剧和我国农产品生产成本快速增长的现实，应在多双边农业贸易谈判中切实保护好我国大宗农产品边境保护政策和国内农业支持政策的保护空间。

5. 重视并加强环境保护、资源管理等促进农业可持续发展的政策措施

从长远来看，农业发展最终应实现可持续发展。除保障农产品供给和提高农民收入的措施外，不应忽视如缓解和应对气候变化、保护生物多样性、水土资源管理方面的支持政策。这需要极大努力和进一步的政策设计与制度安排，以及如何平衡农业政策的多目标性。例如，应加强农村基础设施建设和生态建设，增加农村节水排灌、人畜饮水、乡村道路、农村沼气、农村水电、草场围栏等农村中小型基础设施和公共服务建设的投资力度，不断改善农业生产条件和农民生活条件。加大农业资源保护建设力度，继续实施类似"退耕还林、退耕还草"工程的环保政策，尽早启动渔业资源与生态环境保护、农业生物资源安全保护与利用工程，开展生态农业示范、保护性耕作示范工程的试点试验等。此外，提高水、肥、药的利用效率，治理农业污染，完善农业环境污染治理监测预警系统。

第九章

新常态下现代农业中长期发展的
政策建议

本研究根据中国现代农业发展面临的现实挑战和制度约束，现代农业发展必须在新常态下寻求发展路径，借鉴发达国家成功经验，以及在新供给经济学理论为基础前提下，提出适合中国现代农业发展的政策建议。

一、以产业融合为核心，提高农业劳动生产率

根据国内外的发展实践经验看，农村"三产"融合发展要以农业为基本依托，通过产业联动、产业集聚、技术渗透和体制创新等方式，将资本、技术以及资源要素进行跨界集约化配置，使农业生产、农产品加工和销售、餐饮、休闲以及其他服务业有机地整合在一起，最终实现农业劳动生产率提高、产业链延伸、产业范围扩展和农民收入增加，这是提高农业劳动生产率的重要途径和现代产业发展的共同趋势，也是农业多功能化的客观需要和农业可持续发展的客观要求，更是农业信息化的必然结果。

一是建立农村"三产"融合的协调推进机构，借鉴日本设立推进委员会的成功经验和我国在新农村建设过程中缺少统一协调机构的教训，建立高级

别的农村"三产"融合发展协调推进机构。

二是实施有效的财政政策。首先，继续加大财政对农业的投入，重点支持农田水利等农业基础设施，加强代耕代收、仓储烘干、农机库棚等农业公共产品，以及社会化服务和乡村旅游相关设施建设。其次，农业补贴向新型经营主体倾斜，鼓励和支持家庭农场、专业合作社、协会、龙头企业、农业社会化服务组织以及工商企业等新型经营主体开展多种形式的农村产业融合发展，推进农业产业化示范基地建设和龙头企业转型升级，进一步提高农民组织化程度，实现农业生产的专业化、集约化、规模化。再次，设立"三产"融合发展基金，重点用于支持新技术、新业态和新模式的应用推广，多元化跨产业生产经营人才的教育培训，建设"三产"融合示范基地，建立国家农产品电子商务体系，鼓励各类经营主体同大型电商平台合作等。

三是完善和创新金融扶持政策，建立健全农业金融政策体系。首先，综合使用降准、降息、降费等各种政策措施，扩大农业信贷总量，提高涉农贷款比例。其次，扩大农村资金抵押担保范围，将承包土地经营权、集体经营性建设用地使用权、宅基地使用权、住房财产权和大型农业机械等纳入银行抵押贷款范畴。再次，加大对信息化、电商和专业物流等新兴业态的信贷支持力度。此外，完善政策性农业保险体系，扩大承保范围，加大各级财政保费补贴，完善巨灾风险转移分摊机制，加强对承保公司的监管。四是完善市场准入政策。一方面放松各类市场主体从事三大产业的管制，将可以商业化的农村服务业向社会资本全面开放；另一方面规范工商资本租赁农地，明确支持产业化，限制非粮化，禁止非农化的准入原则。

二、以构建新型农业经营体系为主线，转变农业生产经营方式

新型农业经营体系是以家庭农场、专业大户和农民合作社等大型农业经营单位为主体，带动个体农户增产增收的规模经营和社会化服务体系。新型经营主体是提高生产率、节约成本和解决未来"谁来种地"的主导力量。

一是加快培育新型农业经营主体，加大政策创新力度，吸引高素质人才投身新型农业经营体系建设。

二是发展新型农业经营方式，实现土地规模经营的适度推进和新型农业经营方式的发展。政府涉农项目重点向专业大户、家庭农场、专业合作社和龙头企业倾斜，采取奖补等措施，鼓励土地承包经营权永久转让，推动新型经营主体由短期不稳定的租佃经营为主向长久稳定的自主承包土地经营转变，特别要加快完善农业社会化服务体系，健全农业公共服务机构和动物防疫体系，加强农业信息资源开发，完善农产品流通体系，鼓励农民专业合作社、专业服务公司、农民经纪人、龙头企业及各类工商资本提供多种形式的农业生产经营服务。

三是适应城镇化和现代农业发展的客观需要，在"统""分"两个层次推进农业经营体制机制和方式创新，充分发挥集体经营、合作经营和企业经营在规模、效率、技术和市场等方面的优势，发展多种形式规模经营，扶持发展新型农业经营主体，推动提高农业生产经营的集约化、专业化、组织化和社会化，使农业经营方式更加丰富和具有竞争力，使农村基本经营制度更加充满制度活力。

三、以土地制度创新为重点，全面深化农村改革

土地制度改革属于综合性改革，必须整体把握、协同推进。在尊重农民意愿、坚持依法自愿和有偿流转的基础上，探索更加有利于解放农业生产力、释放改革红利的土地制度，并以此为突破口，全面深化农村改革，加快推进农业现代化发展。

一是落实农村土地承包责任制度"长久不变"。参照城市建设用地使用权70年规定，明确"长久不变"的土地承包期为70年，承包期届满后自动延长，实行"长久不变"与土地确权登记颁证挂钩，满足条件的流转土地核发土地经营权证。尽快完成农村承包地、宅基地、林地和荒地等的确权、登记和颁证工作，以村社为单位、由农民民主确认集体社区成员权资格和始点，固化农民与土地及其他财产关系，尊重历史和现实，划定土地集体所有权主体和边界，明确集体土地所有者内部权属关系，为农村长治久安提供制度基础。

二是提高农户在规模流转决策中的主体地位和主导作用，探索建立以农村本土企业为主，外来企业、家庭农场和种植大户共同合作的企业结构和产业结构，规范政府在推动土地流转和规模经营中的行为，进一步提升土地流转和规模经营的市场化操作水平，同时要引导和规范工商资本流转土地，建立健全土地流转风险防范机制，扎实开展土地承包经营权抵押、担保，探索建立土地承包经营权市场化退出和集体经济组织回购等机制。

三是开放和发展农村金融，加大政策性银行支农力度，调整农村信用社改革方向，构建农村征信系统，充分调动大型金融机构支农积极性，扩大小微金融机构覆盖面，支持农民互助金融组织发展，提高农业金融政策执行力，加大涉农金融产品开发扶持力度，支持互联网金融为代表的新型金融业态参与现代农业建设。同时通过制定完备的法律和政策，对民间金融的经营

基本原则做出明确规定，并加强金融监管，督导其在法律许可范围内依据金融市场规则参与活动，保证合法高效运营，根据农业保险区域性较强的特点，协调当地政府、分保公司和再保险公司，结合当地实际情况共同健全农业再保险体系。

四、以稳定粮食数量和提升食品安全保障水平为目标，完善粮食安全保障体系

粮食安全关系重大。必须始终坚持以我为主、立足国内、适度进口和科技支撑的国家粮食安全战略，稳定粮食播种面积，合理调整粮食产区布局，优化粮食品种和结构，着力提高粮食单产和粮食质量安全水平，确保谷物基本自给和口粮绝对安全。在此基础上，顺应时代要求，加强食品安全市场监管，提升食品安全保障水平。

一是提高农业物质装备水平，提升粮食综合生产能力物质基础。以粮食主产区为重点，以优质粮食产业工程为核心，加强农业基础设施建设，提高农业投入使用效率，加快农业机械化发展。加强农田水利基础设施建设，加快发展节水灌溉，加强小型农田水利建设，改革小型农田水利产权制度，推动小型农田水利设施的产权流转，吸引社会资金投入小型农田水利建设。提高农业物质装备水平，加大国家财政对农机具购置补贴的支持力度和范围，提高粮田作业大型动力机械覆盖率，提高农机服务标准化和专业化服务能力。强化粮食综合生产能力的科技支撑，建立布局合理、分工明确、运转高效和适应现代农业发展需要的粮食科研科技创新体系，加强粮食科研攻关和技术引进，加快技术集成示范和推广应用，加大各级财政对农民科技培训的投入力度。

二是坚持财政扶持政策，继续加大财政支农力度。加快提高财政支农比例，创新财政投入方式，优化财政支农结构。规范涉农部门支持农业发展的职能和方式，全面推进财政预算编制，整合各级涉农资金，规范引导类和应急类农业专项资金。同时妥善处理好主产区和主销区利益关系，从平衡主产区和主销区的利益入手，研究建立通过经济手段建立新的粮食区际交换体制和实现产销区利益衔接的新机制，培育形成统一、开放、竞争、有序的全国粮食市场体系。

三是完善粮食等重要农产品价格形成机制，在总结目标价格试点经验基础上进一步完善目标价格政策，探索更加科学、有效、动态的目标价格形成机制。加快粮食价格市场化改革，更多地反映市场供求关系，逐步将目标价格政策范围扩大至油菜籽、糖料和玉米，在有条件的地区对稻谷和小麦进行试点。健全价格信息收集发布制度，科学引导社会舆论和市场预期，处理好各农产品之间、农业投入和产出之间、工业和农业产品之间的比价关系。完善重要农产品储备制度，形成国家储备与商业储备相结合、中央储备与地方储备相结合的主要农产品储备体系，充分发挥储备"蓄水池"和"稳定器"的作用。

四是加强食品安全监管体系建设，将食品安全监管作为一项重要的公共服务，划定"安全底线"，进一步合理划分中央和地方的权限，适度增加中央和省级的事权和支出责任；积极构建全流程的监管机制，突出事前监测和风险评估，强化生产、经营、销售等事中环节的可追溯和可操作监管工作，完善事后对违法者、失职渎职者的处罚和问责，大幅提高违法成本。同时，加快完善相关法律体系，积极培育相关社会组织成长，引导各方有序参与治理，形成多元共治的决策机制。

五、以构建循环型农业体系为方向，优化农业产业结构与布局

当前，我国农业产业结构不尽合理，优良品种区域化和规模化生产水平不高，部分农产品生产过度集中，农业面源污染比较严重，土壤重金属污染形势严峻，粗放式生产还比较普遍。要以"集约高效利用、循环链条构建、点面结合推进、产业联动发展"为原则，以推动农业无害化、减量化、资源化、信息化发展为目标，建设一批种植业、养殖业、林果业等综合集成的现代农业循环经济示范园平台，构建"三产"联动的现代循环农业产业链，全面提高农业可持续发展能力，实现生产、生活、生态的和谐发展、有序发展、绿色发展。

一是加强农产品优势产区和优势产业带建设，引导农产品加工业向种养业优势区域和城市郊区及县域集中，促进产业集聚和优化升级，扶持壮大农业服务业，培育发展农业新兴产业，不断拓展农业功能。同时结合主体功能区规划，划定食用农产品生产禁止区域，建立农产品产地环境监测网络，净化农产品产地环境，加快重金属污染严重产区从食品作物向非食品作物种植调整，大力发展节约型农业。

二是完善最严格耕地保护制度、集约节约用地制度、水资源管理制度和环境保护制度，着力提高制度执行力。深入开展农业资源休养生息，重点推进重金属污染地区土壤修复与治理，继续实行退耕还林还草，基本建立生态补偿机制。

三是大力推进绿色农业发展，深化农业产业结构调整，优化农业资源配置，促进产业集聚，以发展优质、高产、高效、生态、安全农业为核心，加强绿色生态环境系统建设，推行标准化认证体系，推动农业向无害化、减量化、资源化、信息化方向发展。

四是提高农业废弃物利用效率，进一步提升农业废弃物转化为生产生活

资料的水平，以农作物秸秆、畜禽粪便等为重点，因地制宜推广能源化、肥料化、饲料化、原料化等利用方式，大力推行农用地膜污染综合防治技术，不断提高废弃物利用水平。

五是构建循环农业产业链，以循环经济理念为指导，以工业化生产手段和先进科学技术为支撑，以现代化种植、科学化养殖、清洁化生产为主体，以动植物生产废弃物综合利用为核心，以动植物农产品产业化加工为纽带，形成连接种植业、养殖业、加工业、发电工业等"三产"联动的现代循环农业产业链。

六、以加快培育国际经济合作竞争新优势为任务，加快农业"走出去"战略步伐

近几年来，我国粮食等重要农产品生产能力基本得到保障，但农产品成本年均增长8％左右，粮食等重要农产品的成本优势逐步消失，可能面临国外农产品大量进口冲击的长期威胁。因此，充分利用"两个市场、两种资源"，加快农业"走出去"战略，是减轻国内农业资源压力、弥补部分国内农产品供求缺口的重要举措。

一是制定更高层面的发展战略规划，构建新形势下国家粮食安全战略，强化国家外交支撑作用。在以我为主、立足国内的基础上，制定重要农产品的国际贸易战略，合理利用国际农产品市场。进一步明确农业"走出去"战略的重点，逐步形成主攻周边、巩固非洲、拓展拉美的路径。建立健全综合协调机制，完善财政、金融、税收和保险等境外农业投资政策支持体系，鼓励有比较优势的企业到市场环境良好的国家和地区投资设厂；鼓励企业"走出去"，并带动产品、服务和技术出口，培育世界级粮商和农业公司。努力

构建从田间地头到生产加工，再到进出口的各个环节的全产业链"走出去"规划，从源头上把握国际农产品定价的话语权。

二是加强对外向型农业的政策、资金支持力度，大幅度削减行政审批权限和范围，放松金融、外汇、信贷等监管，加大财政投入和金融支持，逐步实行海外投资自由化，建立企业"走出去"专项资金，给予适当的补贴或贴息，引入市场中介机制，建立权威的信息交流与共享平台，及时为"走出去"企业提供政策和市场信息。

三是大力推进农业科技自主创新，构建现代农作物种业体系，加快农业生产经营信息化建设，进一步提升农业科技和物质装备水平，培育我国在国际市场上的新优势。为降低外国政府和民众对圈地、租地等形式占有土地、牧场资源的反对阻力，要充分利用所在国缺资金、缺技术、缺管理和支持鼓励国外企业投资加工业的有利条件，发挥我国在资金、技术、人才等方面占优的比较优势，采取以项目、技术、良种等龙头企业带生产基地的方式，以劳动密集型产品换取土地密集型资源。并通过发展种养业，兴办农产品保鲜加工业和建设农产品专业批发市场等方式，带动国内农业生产资料、机械设备和劳务的输出。

四是加强国际人才的教育和培训，教育部门和机构应加大"跨国经营"学历教育，有针对性地在语言、跨文化运作、并购等领域加强培养力度，使高校毕业生更加贴近企业"走出去"的需求。同时，加强新型农民培训力度，整合资源，统筹规划，加大投入，实施"新型农民培育计划"，加强农村基础文化教育，办好农村职业教育和成人教育，培养懂技术、会经营、能出国的新型农民。

全球视角下的中国农业未来

2015年2月1日，中央"一号文件"出台，这是2004年以来连续第十二次聚焦"三农"，也是改革开放以来第十七次以农业、农村和农民为主题的"一号文件"。本次文件与以往相比有三处新的重要变化。一是在"十一连增"进入中国经济新常态的情况下，将直接增收转为增强粮食生产能力；二是提出在保障供给和质量安全、提升农业可持续发展能力的情况下，要应对资源短缺、开发过度和污染严重的多重挑战；三是在国内农业成本攀升和价格高于国际市场的情况下，统筹开展国内国际资源合作。这些变化意味着中国的农业现代化建设需要跳出短期视野、跳出局部视野和跳出国内视野，一个全新的历史时刻到了。从更长的历史尺度、更全面的经济与国情背景以及全球化的视角分析，可以更加系统、更加有步骤地找到中国农业现代化发展的有序路径。

一、展望中国农业未来 35 年

从 1978~2014 年，改革开放经历了逾 35 年，而再过 35 年的 2049 年，恰好是新中国成立 100 周年。在未来的 35 年里，我们将经历一些重大的转折点。

第一，人口的转折点。2014 年我国的劳动力人口已经开始下降，而据有关研究，我国总人口将在 2025~2030 年达到峰值，到 2049 年左右，我国总人口将减少至 12 亿~13 亿，这意味着我国粮食需求总量将逐步稳定甚至可能下降。

第二，经济的转折点。据国内外有关机构研究预测，我国经济总量将在 2020–2030 年超过美国位列全球第一，在 2049 年达到中等发达国家水平。这些变化对农业产品的需求结构也会发生明显变化，主粮消费比例会下降，蛋白质、水果等消费比例会上升，而总的热量消费则不会有太大的变化。这意味着未来农业的发展将是产品结构的调整，不再是产量的增加。

第三，二元结构的转折点。随着我国经济的深入发展和城镇化建设的提速，农业人口比例将不断下降，农业的人均生产率将不断提升，农民与第二产业、第三产业的收入差距也将逐步缩小，直至不再明显，二元结构得以化解，真正实现农业现代化。

第四，农业科技的转折点。随着科技进步，农业对土地、化肥、农药以及水资源等方面的需求不断下降，生产效率不断提升，资源限制、污染问题与生态和谐将得到逐步解决，人类将进入绿色、可持续的生态科技现代农业时代。

第五，农业市场模式的转折点。农业生产方式方面将实现规模集约化生产，人均产量、人均收入大幅提升，农业的流通方式也会因互联网与电子商务等科技进步而发生天翻地覆的变化，农业流通渠道将大大缩短，农业生产与农产品消费将通过电子超市直接相连，农业生产周期的缩短也将农业的需求和供给更好的连接，由于直接准确及时地了解消费需求，供给将更有科学规划性，农业供给保障体系得以科学建立。农产品价格风险对冲体系也将直接使农民受益，农产品期货、保险、融资等资本金融体系在农业将得到体系化的应用，现代农业金融体系将全面形成。

第六，土地改革的转折点。土地是农业的核心生产资料，土地制度的创新将像家庭联产承包制一样进一步解放农民的生产积极性和创造性，摆脱生产资料的约束，这是建立现代农业和解决农民收入问题的根本基础。

第七，国际合作的转折点。中国人口将在未来35年转而减少，而全球人口却可能进一步增加至超过90亿。一方面我国需要提升自身农业的国际竞争力，另一方面更需要与其他国家合作进行资源整合，在土地与水资源的全球科学利用方面展开生产、流通、加工等多个环节的合作，共同解决全球粮食与农业需求危机，发挥大国的作用。

二、中国农业的现代化内涵

中国农业的未来就是农业现代化，而农业现代化的内涵有四个方面：

一是人均生产率（亦即人均收入）的现代化。农民人均产出能力越高，收入也就越高，但由于农产品的刚性需求特点，收入提高的另一前提就是同步降低农民在人口中的比重，也就是说在保持总产量与人口总量同步的前提下，减少农民人口就能同步提升农民收入。

二是资源的利用效率现代化。由于我国人均资源匮乏，尤其是人均耕地和人均水资源都明显低于世界平均水平，如何减少单位农产品产出消耗的水以及使用的土地，是我们面临的严峻挑战。

三是产品质量的现代化。农产品质量和食品安全是当前我国面临的重大问题，如果不能保证农产品的营养成分，去除污染、农药残留等不健康因素，就无法称之为农业的现代化。

四是环境和谐的现代化。发展农业，不能破坏生态环境，不能造成污染，不能让化肥和不科学的耕种导致土地肥力的丧失，这也是实现农业可持续发展与农业现代化必不可少的内容。

三、中国农业的现代化之路

为有效应对未来35年的挑战与发展，实现中国农业现代化这个几代人乃至几千年农业大国的农业梦，我们应从以下几个方面采取措施：

一是土地制度方面。土地是农业生产的基础，也是农民创收的根本，中国的历史可以说是土地制度变革与变更的历史。土地制度改革的核心就是从农民的利益出发，随着农民人口的不断减少而实现土地规模化的有效配置。首先，土地股份制和租赁制的优先推行，相比土地转让，这两种措施的法律基础要求更容易实现，也更容易保护农民作为承包主体的自身利益；其次，土地的休耕与轮耕等养地制度让土地有恢复自然肥力的时间，逐步减少化肥的使用，保护生态体系，保持土地资源的可持续利用能力，实现农业发展与自然生态系统的和谐循环。

二是推动第二产业和第三产业的发展，吸收更多的农民转变职业身份，建立完善的城乡一体化的社会福利与保障体系，真正实现二元结构的融合。只有有效地减少农民人口比重，才能建立农民收入增加的前提条件。

三是完善农业科技体系。建立国家与科研机构基础研究、企业应用研究和农民分享使用的多层次农业科技体系，着重降低单位产出的土地占用和水资源消耗或提高单位土地和水资源消耗的产量，在土地生产、无土生产甚至太空生产等方面进行探索应用，同时减少对化肥、农药的依赖，并且研究如何有效缩短种植养殖等生产周期。发挥市场资本和民间创新的力量和国家的基础前瞻性力量，同时发挥政府在安全监管、质量保障等方面的制度与法治作用，建立国家基金，在资本、补贴等层面充分发挥对市场的杠杆与乘数效应，让市场规律发挥主导作用，政府发挥引导作用。

四是探索建立针对我国国情的现代农业生产组织。如何以最少的人力利用最多的土地等资源实现最大产出和实现专业化的流程分工，如何采用先进的设备和机器等生产工具因地制宜地实现土地规模化，并根据土地适用性规划产品品种，是建立中国现代农业企业的有效途径。

五是建立现代化的农产品供求与流通贸易体系。农产品有其种植养殖周期，往往难以迅速反映市场供求变化情况，通过科技手段可以适当缩短种植养殖周期，通过互联网平台还可以有效对接生产者与消费者，建立专业化的农产品直供电子商务平台，将农民和消费者直接对接起来，可以有效解决信息不对称问题，方便农民合理安排种植养殖计划，也可为消费者提供放心的、可追溯的和更加便宜的农产品供应平台。同时，这样的电子商务平台需要配套加工与物流体系，实现农业、第二产业和第三产业的有机融合。

六是建立多层次的农业金融体系。现有的农业金融体系主要是面对生产的融资和保险，农民应对价格波动的主要措施还是政府补贴，单纯依靠政府补贴难以有效发挥市场的调节作用，也带来了庞大的财政负担。如果能将农产品期货对冲服务直接对接农民，则可以有效解决上述问题，而目前的期货对冲主要应用在大型农产品收购与加工贸易企业，其实真正需要应对价格风险的是农民。因此建立农产品贸易针对农民的期货对冲服务，是稳定农业生产、保护农民生产积极性的有效措施。

七是全球布局的新农业产业体系。我国的人均耕地面积与人均水资源显著低于世界平均水平，而在北美洲、大洋洲、非洲等地区，资源利用率还比较低，如能在不影响当地生态体系的情况下进行全球资源开发利用，并建立全球农产品加工和流通体系，建立农业丝绸之路，就可有效应对全球人口危机所带来的问题，还能带动当地经济，实现世界经济与生活水平的协调发展。

农业是中国乃至全球的永恒话题，是人类生存的基础。我们也看到了古代埃及、古代巴比伦和我国古代的农业地区对当地生态的重大影响，迫使我们寻找一条能够满足人们美好生活又与生态系统和谐相处的阳光大道，我们要站在全球视角、从百年尺度思考中国农业的未来、全球农业的未来乃至人类的未来。

[1] 徐旺生. 中国农业本土起源新论 [J]. 中国农史，1994（1）

[2] 中共中央，国务院. 关于加大改革创新力度加快农业现代化建设的若干意见，2015–02–01

[3] 马晓河. "七连增"后我国粮食形势分析及政策建议，内部报告

[4] 宋洪远. 农村改革三十年 [M]. 北京：中国农业出版社，2009

[5] 程国强. 中国工业化中期阶段的农业补贴制度与政策选择 [J]，管理世界，2012（1）

[6] 聂振邦. 切实保障国家粮食安全 [J]. 宏观经济管理，2010（4）

[7] 韩俊. 中国迈向高收入国家粮食安全新战略 [J]. 山西农经，2014（2）

[8] 高俊才. 增强忧患意识，保障粮食安全 [J]. 中国经贸导刊，2011（4）

[9] 方松海，黄汉权等. 当前我国农业发展形势、问题及对策，内部报告

[10] 张剑雄. 对我国粮食安全问题的思考 [J]. 湖北大学学报（哲学社会科学版），2007（6）

[11] 潘岩. 关于确保国家粮食安全的政策思考 [J]. 农业经济问题，2009（1）

[12] 公茂刚. 供需视角的发展中国家粮食安全政策[J]. 重庆社会科学，2013（12）

[13] 向晶，钟甫宁. 人口结构变动对未来粮食需求的影响：2010~2050[J]. 中国人口·资源与环境，2013（6）

[14] 徐蕾，孟繁敏. 美国粮食安全管理经验及启示[J]. 黑龙江工程学院学报（自然科学版），2010（4）

[15] 罗斌. 国外粮食安全管理的经验与借鉴[J]. 经济学家，2012（9）

[16] 马晓河，武翔宇. 中国农村乡镇机构改革研究[J]. 农业经济问题，2006（2）

[17] 马晓河. 建设社会主义新农村需要把握的几个重大问题[J]. 中国经贸导刊，2006（11）

[18] 马晓河. 现阶段我国农业发展需要财政补贴[J]. 中国金融，2010（6）

[19] 中共中央宣传部理论局. 七个"怎么看" ——理论热点面对面·（2010）[M]. 北京：学习出版社·人民出版社，2010

[20] 中国人民银行农村金融服务研究小组. 中国农村金融服务报告（2008）[M]. 北京：中国金融出版社，2008

[21] 孔祥智. 崛起与超越——中国农村改革的过程及机理分析[M]. 北京：中国人民大学出版社，2008

[22] 王冠军. 新时期我国农田水利存在问题及发展对策[M]. 中国水利，2010（5）

[23] 王胜. 财政支农的文献综述及其引申[M]. 改革，2009（1）

[24] 龙文军. 农业风险管理与农业保险[M]. 北京：中国农业出版社，2009

[25] 农业部. 中国农业发展报告[M]. 北京：中国农业出版社，2005~2009年各卷

[26] 农业部课题组. 推动农业农村经济科学发展重大问题研究[M]. 北京：

中国农业出版社，2009

[27] 农业部农村经济研究中心. 中国农村研究报告 [M]. 北京：中国财政经济出版社，2006~2009年各卷

[28] 农业部农村经济研究中心分析研究小组. "十二五"时期农业和农村发展面临的挑战与选择 [J]. 中国农村经济，2010（8）

[29] 回良玉. 扎实推进社会主义新农村建设 [J]. 求是，2006（5）

[30] 回良玉. 以科学发展观为统领 积极发展现代农业 扎实推进新农村建设 [J]. 求是，2007（4）

[31] 回良玉. 全面推进集体林权制度改革 切实加强生态文明建设 [J]. 求是，2009（16）

[32] 回良玉. 加大统筹城乡发展力度 进一步夯实农业农村发展基础 [J]. 求是，2010（3）

[33] 孙小燕，温琦. 财政压力与体制变迁——后农业税时代的乡镇机构改革 [J]. 农业经济问题，2007（12）

[34] 孙政才. 农业农村改革发展30年 [M]. 北京：中国农业出版社，2008

[35] 朱守银. 当前各地乡镇体制改革的主要做法及其比较/中国（海南）改革发展研究院编. 中国新农村建设：乡村治理与乡镇政府改革 [M]. 北京：中国经济出版社，2006

[36] 朱玲. 政府与农村基本医疗保健保障制度选择 [J]. 中国人口科学，2005（5）

[37] 吴仲斌，宋洪远. 中国村际社会总产值差距的经验分析——基于中国309个村的调查 [J]. 管理世界，2007（11）

[38] 吴敬琏. 中国增长模式抉择（增订版）[M]. 上海：上海远东出版社，2008

[39] 宋洪远. 中国农村经济分析与政策研究（2003-2006）[M]. 北京：中

国农业出版社，2006

[40] 宋洪远. 加强农村制度建设 推进农村改革发展[J]. 教学与研究，2008（12）

[41] 宋洪远. 建立和完善多层次的农村金融体系. 在浦东干部学院的讲座，2009-05-26

[42] 宋洪远. 新型农业社会化服务体系建设研究[J]. 中国流通经济，2010（6）

[43] 宋洪远. 中国农村改革三十年[M]. 北京：中国农业出版社，2008

[44] 宋洪远. 中国农村改革：过去与未来[M]. 北京：中国农业出版社，2008

[45] 宋洪远. 面向"十二五"的中国农村发展[M]. 北京：中国农业出版社，2010

[46] 宋洪远. "九五"时期农业和农村经济政策[M]. 北京：中国农业出版社，2002

[47] 宋洪远. "十五"时期农业和农村政策回顾与评价[M]. 北京：中国农业出版社，2007

[48] 宋洪远，吴仲斌. 盈利能力、社会资源介入与产权制度改革——基于小型农田水利设施建设与管理问题的研究[J]. 中国农村经济，2009（3）

[49] 张红宇. 当前农业和农村经济形势分析与农业政策的创新[J]. 管理世界，2009（11）

[50] 张红宇，赵长保主编. 中国农村政策的基本框架[M]. 北京：中国财政经济出版社，2009

[51] 张照新，陈金强. 我国粮食补贴政策的框架、问题及政策建议[J]. 农业经济问题，2007（7）

[52] 李树培，魏下海. 改革开放以来我国财政支农政策的演变与效率研

究[J].经济评论,2009（4）

[53] 李瑞锋,郭大,辛贤.中国农村义务教育投入:现状及政策建议[M].北京:中国农业大学出版社,2009

[54] 杜鹰.加大统筹城乡发展力度 进一步夯实农业农村发展基础[J].宏观经济管理,2010（3）

[55] 沈贵银.最优农业推广服务供给的制度模式研究[M].北京:中国农业科学技术出版社,2010

[56] 陈小江.2009中国水利发展报告[M].北京:中国水利水电出版社,2009

[57] 陈晓华.持续发展"三品一标",努力确保农产品质量安全[J].农产品质量安全,2010（3）

[58] 陈晓华.推进农业信息化 促进现代农业发展[J].农村工作通讯,2010（12）

[59] 陈锡文,韩俊,赵阳.中国农村公共财政制度[M].北京:中国发展出版社,2005

[60] 陈锡文.当前农村经济发展形势与任务[M].北京:农业经济问题,2006（1）

[61] 陈锡文.关于建设社会主义新农村的若干问题[M].北京:理论前沿,2007（1）

[62] 陈锡文.走中国特色农业现代化道路.求是,2007（22）

[63] 周其仁.信息成本与制度变革——读《杜润生自述:中国农村体制变革重大决策纪实》[J].经济研究,2005（12）

[64] 周虎元.关于我国农村文化现状与发展建议[J].农村工作通讯,2008（23）

[65] 国务院研究室课题组.中国农民工调研报告[M].北京:中国言实出

版社，2006

[66] 国家林业局林业改革领导小组办公室编著. 中国集体林权制度改革培训教材 [M]. 北京：化学工业出版社，2009

[67] 国家统计局农村经济社会调查总队. 中国农村贫困监测报告 [M]. 北京：中国统计出版社，2006~2009年各卷

[68] 林毅夫. 再论制度、技术与中国农业发展 [M]. 北京：北京大学出版社，2000

[69] 林毅夫，姚洋. 中国奇迹——回顾与展望 [M]. 北京：北京大学出版社，2009

[70] 郑有贵. 目标与路径：中国共产党"三农"理论与实践60年 [M]. 长沙：湖南人民出版社，2009

[71] 郑有贵，李成贵. 一号文件与中国农村改革 [M]. 合肥：安徽人民出版社，2008

[72] 段应碧. 关于农村管理体制改革的几点思考——在2005年中国农业经济学会年会结束时的讲话（摘要）[J]. 农业经济问题，2006（1）

[73] 段应碧. 农业产业化龙头企业的金融支持 [J]. 中国流通经济，2007（9）

[74] 段应碧. 中国农村扶贫开发：回顾与展望 [J]. 农业经济问题，2009（11）

[75] 赵长保. 农村改革发展：微观透视 [M]. 北京：中国农业出版社，2008

[76] 党国英. 乡镇机构改革的问题与出路 [J]. 小城镇建设，2006（3）

[77] 阎坤. 中国县乡财政体制研究 [M]. 北京：经济科学出版社，2006

[78] 温家宝. 深化金融改革 促进金融业持续健康安全发展 [J]. 求是，2007（5）

[79]《中共中央关于推进农村改革发展若干重大问题的决定》辅导读本 [M]. 北京：人民出版社，2008

[80] 蒋中一. 农村合作医疗制度的发展和取得的成效 [J]. 经济研究参考，2008（32）

[81] 韩长赋. 新农村建设与农业产业化 [J]. 求是，2006（4）

[82] 韩长赋. 关于农民工问题的几点认识和思考 [J]. 求是，2006（9）

[83] 韩长赋. 正确把握和处理新阶段的城乡关系 [J]. 求是，2009（19）

[84] 韩长赋. 毫不动摇地加快转变农业发展方式 [J]. 求是，2010（10）

[85] 韩俊. 推进新农村建设需要把握的若干问题 [J]. 宏观经济管理，2006（4）

[86] 韩俊. 促进公共资源及要素向农村配置 [J]. 中国金融，2010（5）

[87] 蔡昉，王德文，都阳. 中国农村改革与变迁：30 年历程和经验分析 [M]. 上海：格致出版社·上海人民出版社，2008

[88] 方松海，王为农. 成本快速上升背景下的农业补贴政策研究 [J]. 管理世界，2009（9）

[89] 王东阳. 我国农业技术进步作用及其未来发展方向分析 [J]. 农业科研经济管理，2007（3）

[90] 农业部财务司. 农业补贴比较研究 [J]. 中国农业会计，2002（9~12）

[91] 钱克明. 2004 年中央一号文件执行效果分析，农业经济问题 [J]. 2005（2）

[92] 李成贵. 中国农业政策的主要症结剖析 [J]. 社会科学战线，1996（2）

[93] 李试. 论我国工业化汲取农业剩余的剪刀差方式 [J]. 经济纵横，1995(5)

[94] 庞元正. 当代中国科学发展观 [M]. 北京：中共中央党校出版社，2004

[95] 中共中央关于全面深化改革若干重大问题的决定 [M]. 北京：人民出版社，2013

[96] 我国国民经济和社会发展十二五规划纲要，2011-03-17

[97] 戚义明.十八大以来习近平同志关于经济工作的重要论述，人民日报，2014-02-02

[98] 贾康.新供给：经济学理论的中国创新[M].北京：中国经济出版社，2013年8月

[99] 姚余栋.重燃中国梦想——中国经济公元1-2049[M].北京：中信出版社，2010

[100] 黄剑辉、李健，等.畅想2049年的中国.国家开发银行业务发展局与新华社经济信息中心联合课题组，2010

[101] 韩毓海.五百年来谁著史——1500年以来的中国与世界[M].北京：九州出版社，2012

[102] 成君忆.中国历史周期律——朝代更迭中的管理变革[M].北京：北京理工大学出版社，2013

[103] 张宇燕.经济发展与制度选择——对制度的经济分析[M].北京：中国人民大学出版社，1992

[104] 阎学通.历史的惯性——未来十年的中国与世界[M].北京：中信出版社，2013年7月

[105] 吴敬琏，俞可平，[美]罗伯特.中国未来30年[M].北京：中央编译出版社，2011

[106] 高连奎.中国大形势[M].北京：电子工业出版社，2011

[107] 翟玉忠.道法中国——二十一世纪中华文明的复兴[M].北京：中央编译出版社，2008

[108] 吴晓波.历代经济变革得失[M].杭州：浙江经济出版社，2013

[109] 张维为.中国震撼——一个"文明型国家"的崛起[M].北京：世纪出版集团，2011

[110] 屠启豪.大国策——发展中大国的战略维度[M].北京：社会科学文献出版社，2010

[111] 宋鲁郑.中国能赢[M].北京：红旗出版社，2012

[112] 雷鼎鸣.中国与世界大变局[M].北京：中信出版社，2012

[113] 邹东涛，欧阳日辉.新中国经济发展60年（1949~2009）[M].北京：人民出版社，2009

[114] 胡鞍钢.2020——一个新型超级大国[M].杭州：浙江出版社，2011

[115] 中山大学行政管理研究中心.美国进步时代的政府改革及其对中国的启示[M].上海：格致出版社，2010

[116] 张国庆.进步时代[M].北京：中国人民大学出版社，2013

[117] 张维为.中国触动：百国视野下的观察与思考[M].上海：上海人民出版社，2012

[118] [挪威]乔根·兰德斯.2052——未来四十年的中国与世界[M].北京：译林出版社

[119] [美]阿文德·萨勃拉曼尼亚.大预测——未来20年，中国怎么样，美国又如何[M].北京：中信出版社，2012

[120] 罗纳德·科斯，王宁.变革中国——市场经济的中国之路[M].北京：中信出版社，2013

[121] 傅高义.邓小平时代[M].北京：三联书店，2013

[122] 基辛格.论中国[M].北京：中信出版社，2013

[123] 弗雷德里克·米什金.下一轮伟大的全球化——金融体系与落后国家的发展[M].北京：中信出版社，2007

[124] [英国]王志浩.大国经济之路[M].北京：中信出版社，2010

[125] [美]阿尔·戈尔.未来:改变全球的六大驱动力[M].上海：上海译文出版社，2013

[126] [荷] 布拉姆.维梅尔. 2030：技术改变世界 [M]. 北京：中国商业出版社，2011

[127] 世行，国务院发展研究中心联合课题组. 2030 年的中国——建设现代、和谐、有创造力的社会 [M]. 北京：中国财政经济出版社，2013

[128] 陈锡文. 产需结构渐失衡　粮食安全有远忧 [N]. 中国粮油市场报，2012（12）

华夏新供给经济学研究院简介

华夏新供给经济学研究院是由贾康、白重恩、王庆等12位学者发起设立、经政府管理部门批准成立于2013年9月的民间智库组织，现任理事长为民生银行洪崎董事长。研究院旨在推进"以改革为核心的新供给经济学"的研究，秉承"求真务实融合古今，开放包容贯通中西"的精神，基于全球视野和时代责任感，以"责任、专业、团结、创新"为文化，以"人才是核心，研究是基础，社会效益是追求"为理念，践行勤勉奋进的"梅花精神"和开放包容的"牡丹精神"，打造学习型组织和创新型团队，通过构建跨界合作的"中国新供给经济学50人论坛"，努力建设具有高学术品味和国际影响力的中国特色新型智库。已有百位经济学家、实业家、金融界精英和媒体人士加盟的新供给研究院的研究团队，通过新供给双周学术研讨会、《中国2049战略》圆桌、新供给金融圆桌以及新供给年度重点课题研究等活动，致力于经济学理论的不断发展创新，对中国改革开放予以理论阐释和提出积极建言，持续推动中国经济改革和发展实践，为中国和世界经济繁荣和社会进步竭尽所能。

China Academy of New Supply-side Economics Introduction

China Academy of New Supply-side Economics is a civil think tank organization established in September, 2013 by 12 scholars including Jia Kang, Bai Chongen and Wang Qing etc., and approved by government administration department, with President of China Minsheng Banking Corp. Ltd. Hong Qi as current Board Chairman. With a view to promote the study of "New Supply-side Economics with reform as the core", the academy adheres to the spirits of "truth-seeking and pragmatism, integration of the ancient and the present, openness and tolerance, and combination of Chinese and western cultures", takes basis on global view and the sense of time responsibility, holds the culture of "responsibility, professionalism, teamwork and innovation", sticks to the philosophy of "talent is the core, research is the base and social benefits is the pursuit", practices diligent and endeavored "plum flower spirit" as well as open and tolerant "peony spirit", builds a learning organization and an innovative team, and makes efforts to establish a new think tank with highly academic atmospheres and international influence and also Chinese characteristics by means of setting up a cross-discipline cooperative "China New Supply-side Economists 50 Forum". Currently, dozens of economists, industrialists, financial experts and media personnel have joined the research group of China Academy of New Supply-side Economics. By means of many activities, such as new supply-side biweekly academic symposium and new supply-side annual key research programs, and so on, they are committed to achieving the continuous development and innovation of economic theories, and theoretically explain China's opening up and reform and actively putting forward policy suggestions, so as to continuously promote China's economy reform and development practice and make great efforts for China and the world's economic prosperity and social progress.

中国新供给经济学 50 人论坛简介

"中国新供给经济学50人论坛"（以下简称"论坛"）是由中关村华夏新供给经济学研究院（以下简称"研究院"）内部设立和管理的经济学术研究平台，由中国经济学界、实业界具有较强学术功底和颇具社会影响力的成员组成。

论坛以全球视野和时代责任感，秉承勤勉奋进的"梅花精神"和开放包容的"牡丹精神"，坚持"求真务实融汇古今，开放包容贯通中西"的基本理念，以战略性、法制性、国际性、实践性思维，致力于通过构建跨界合作的新型研究平台，对中国改革开放予以理论阐释和提出积极建言，夯实中国经济学理论基础，特别是新供给经济学理论创新，以经济学理论的不断发展创新持续推动中国经济改革和发展的成功实践，为中国和世界经济繁荣竭尽所能。

第一届论坛成员是国内外有影响力的经济学家、企业家和相关行业专家等。为了突出论坛的广泛性和跨行业特点，论坛设立特邀研究员和特邀媒体合作伙伴，注重其所在行业的影响力。为了培养青年人才，论坛设立特邀论坛成员，侧重于培养具有较大发展潜力，年龄在40岁以下（不包括40岁）的青年学者。论坛专职工作人员具备高素质和忠实勤勉有奉献精神，均为获得经济学等相关学科博士学位的优秀人才。

中国新供给经济学50人论坛秘书处

论坛秘书长：贾康

China New Supply-side Economist 50 Forum
Introduction

China New Supply-side Economist 50 Forum (hereafter referred to as "Forum") is an internal economic and academic research platform established and managed by China Academy of New Supply-side Economics, composed of members with strong academic foundation and great social influence in China economic circles and business community.

The forum has global view and senses of time responsibility, adheres to diligent and endeavored "plum spirit" as well as open and tolerant "peony spirit", sticks to the basic philosophy of "truth-seeking and pragmatism, integration of the ancient and the present, openness and tolerance, and combination of Chinese and western cultures", and takes strategic, legal, international and practical view. By means of establishing a cross-discipline cooperative new type think tank platform, the forum is committed to theoretically explaining China's opening up and reform and actively putting forward suggestions, building a solid foundation for Chinese economics theories, especially the innovation of new supply-side economics theories, continuously promoting China's successful reform and development practice based on the continuous developing and innovative economic theories, and making great efforts for China and the world's economic prosperity and social progress.

The members of the first session of the forum are influential economists, entrepreneurs and relevant industry experts both at home and abroad. To highlight the breadth and cross-discipline characteristics of the forum, the forum sets specially invited researchers and media partners, focusing on their influence in corresponding industry. To cultivate the young talent, the forum sets specially invited members, and focuses on the cultivation of young prospecting scholars with age less than 40 years old (not including 40 years old). The forum has high-quality, loyal, diligent and dedicated staff with doctor degree in relevant disciplines, such as economics.

Secretariat of New Supply-side Economist 50 Forum

Secretary: Jia Kang (Concurrent)

中国新供给经济学 50 人论坛组织与成员名单

（截至2014年11月16日）

论坛顾问委员会成员

学术顾问

夏　斌　国务院发展研究中心金融研究所名誉所长、研究员，中国民生研究院学术委员会副主任，南开大学国家经济战略研究院院长

管益忻　中国决策科学院院长、中国海内外企业家交流中心副主席，《经济学家周报》主编

王国刚　中国社会科学院金融研究所所长

管理顾问

黄　伟　中关村民间组织登记处处长

文化顾问

楚　艳　北京服装学院服装设计系教师，北京服饰设计研究中心总监

法律顾问

李　达　竞天公诚律师事务所合伙人

论坛理事会理事长

洪　崎　中国民生银行股份有限公司董事长

论坛理事会副理事长

贾　康　财政部财政科学研究所研究员，中国财政学会顾问

王功伟　北京金融街投资（集团）有限公司董事长

李万寿　协同创新基金管理有限公司董事长

王广宇　华软资本管理集团股份有限公司董事长

论坛理事会常务理事

洪　崎　中国民生银行股份有限公司董事长

贾　康　财政部财政科学研究所研究员，中国财政学会顾问

王功伟　北京金融街投资（集团）有限公司董事长

李万寿　协同创新基金管理有限公司董事长

王广宇　华软资本管理集团股份有限公司董事长

白重恩　清华大学经济管理学院副院长

黄剑辉　中国民生银行研究院院长

王　庆　上海重阳投资管理有限公司总裁、合伙人

滕　泰　万博兄弟资产管理（北京）有限公司总裁，万博经济研究院院长

论坛监事会成员

王少杰　海风联投资基金创始合伙人、中关村股权投资协会会长

论坛学术委员会主席

贾　康　财政部财政科学研究所研究员，中国财政学会顾问

论坛学术委员会副主席

白重恩　清华大学经济管理学院副院长，博士生导师

徐　林　国家发展与改革委员会规划司司长

论坛秘书长

贾　康　财政部财政科学研究所研究员，中国财政学会顾问

论坛副秘书长

姚余栋　中国人民银行金融研究所所长

黄剑辉　中国民生银行研究院院长

滕　泰　万博兄弟资产管理（北京）有限公司总裁，万博经济研究院院长

论坛成员

（72人，任期5年，按姓氏笔画排序）

丁　爽　花旗银行大中华区高级经济学家

丁志杰　对外经济贸易大学校长助理

马海涛　中央财经大学财政学院院长、教授、博士生导师

马蔡琛　南开大学经济学院教授、博士生导师

王　庆　上海重阳投资管理有限公司总裁、合伙人

王　诚　中国社科院经济所研究员

王功伟　北京金融街投资（集团）有限公司董事长

王志军　中央财经领导小组办公室经济一组局长

王金晖　北京瑞晖丽泽资本管理有限公司董事长

冯俏彬　国家行政学院经济学部教授、博士生导师

白重恩　清华大学经济管理学院副院长

任泽平　国泰君安证券研究所董事总经理

刘健钧　证监会私募基金监管部副主任

刘培林　国务院发展研究中心发展战略和区域经济研究部副部长

华一沨　上海市国有资产监督管理委员会副主任

朱海斌　摩根大通中国首席经济学家、大中华区经济研究主管

汤晓东　华夏基金监督长

张茉楠　中国国际经济交流中心博士、副研究员

张晓朴　中国银监会政策研究局副局长

张智威　德意志银行董事总经理、首席经济学家及股票策略主管（中国）

张霄岭　中国银监会银行监管三部副主任

李　奇　高盛亚太区董事总经理、证券主管

李万寿　协同创新基金管理有限公司董事长

李迅雷　海通证券股份有限公司副总裁、首席经济学家

李宏瑾　中国人民银行营业管理部副研究员

杨　农　中国银行间交易商协会副秘书长

汪　涛　瑞银集团董事总经理、首席中国经济学家

沈建光　瑞穗证券亚洲公司董事总经理、首席经济学家

连　平　交通银行首席经济学家

邵　宇　东方证券首席经济学家、首席策略分析师和固定收益负责人

陈祖新　国务院研究室综合司司长

周天勇　中共中央党校国际战略研究所副所长

周诚君　中国人民银行办公厅副主任

周健男　大成基金管理有限公司党委书记

林　竹　中信地产副总裁、兼任中信粤东城市运营投资发展有限公司董事长

林云山　中国民生银行股份有限公司行长助理

罗登攀　中信并购基金管理有限公司执委会委员、董事总经理

范剑平　国家信息中心首席经济师

金　莘　中国人民银行金融稳定局巡视员

金海年　诺亚（中国）控股有限公司首席研究官

金鹏辉　中国人民银行济南中心支行行长

俞　波　中国五矿集团公司财务总部总经理

哈继铭　高盛集团投资管理部、中国副主席暨首席投资策略师

姚余栋　中国人民银行金融研究所所长

洪　崎　中国民生银行股份有限公司董事长

费朝晖　中国进出口银行国际业务部总经理

贺力平　北京师范大学经济管理学院教授

赵立新　证监会上市公司监管二部主任

徐　刚　中信证券全球机构和经济业务主管

徐　林　国家发改委规划司司长

徐诺金　中国人民银行郑州中心支行行长

诸建芳　中信证券首席经济学家

贾　康　财政部财政科学研究所研究员，中国财政学会顾问

郭树强　天弘基金管理有限公司总经理

高培勇　中国社会科学院学部委员、中国社会科学院财经战略研究院院长

崔　历　高盛投资银行董事总经理

盛来运　国家统计局新闻发言人、国民经济综合统计司司长

黄　震　中央财经大学金融法研究所所长、教授，《互联网金融》总编
　　　　辑，互联网金融千人会创始人

黄剑辉　中国民生银行研究院院长

黄格非　中国银河投资管理有限公司副总裁

黄海洲　中国国际金融有限公司首席策略师、董事总经理、研究部联席
　　　　主管

黄益平　北京大学国家发展研究院教授

彭文生　中金公司首席经济学家

温信祥　中国人民银行金融研究所副所长

葛华勇　中国银联董事长

鲁政委　兴业银行首席经济学家

管清友　民生证券研究院院长

裴长洪　中国社会科学院经济研究所所长、党委书记

滕　泰　万博兄弟资产管理(北京)有限公司总裁,万博经济研究院院长

戴　兵　光大银行信用卡中心总经理

鞠　瑾　北京金融街投资（集团）有限公司总经理

魏加宁　国务院发展研究中心宏观经济研究部巡视员

论坛特邀研究员

（共34人，任期3年，按姓氏笔画排序）

马光荣　中国人民大学财政金融学院讲师

马衍伟　财政部税政司处长

马梅琴　中国建设银行个人存款与投资部副总经理

马续田　交通银行总行资产管理部总经理

王　翔　上海基玉投资管理有限公司总裁

王　燕　北京大学国家发展研究院高级研究员，乔治华盛顿大学客座教授

王天灵　外交部政策司参赞，清华大学当代国际关系研究院高级研究员

王少杰　海风联投资基金创始合伙人，中关村股权投资协会会长

王红林　香港金融管理局金融研究中心研究员

王振宇　辽宁省财政厅财科所所长，《地方财政研究》主编

刘军民　国家审计署政策研究室处长

宋汉光　中国人民银行宁波市中心支行行长

宋立洪　商务部综合司副司长

张　文　山东省金融办副主任

张永山　《经济研究》杂志社副社长

李　钢　国务院办公厅金融处处长

杨　光　《中国证券报》基金部副主任

肖　婷　北京网聘咨询有限公司智联测评事业部总监、测评研究院执行
　　　　院长

陈　龙　财政部财政科学研究所公共收入研究中心研究员

陈　钢　天弘基金管理有限公司副总经理

陈　浩　中国人民银行调查统计司景气调查处处长

周广文　银杏资本管理有限公司董事长

易欢欢　中国互联网金融千人会创始人、秘书长，宏源证券副总经理

郑五福　中国人民银行人事司副司长

郑红亮　中国社会科学院经济研究所教授，《经济研究》常务副主编

段晓强　北京金融街投资（集团）有限公司研究中心主任

徐　捷　中国民生银行股份有限公司小微金融部副总经理

柴　森　中航国际文化交流中心董事长

浦晓燕　红杉资本董事总经理

崔智生　国开证券副总经理

梁　季　财政部财政科学研究所公共收入中心研究员，硕士生导师

盛　磊　国家信息中心科研管理处处长、学术办主任

彭子瑄　中国民族证券有限责任公司董事会秘书

甯　辰　天弘基金管理有限公司副总经理

副主席

魏革军　中国金融出版社社长，《中国金融》杂志主编

乔卫兵　中信出版社副总编辑

委员

马　勇　金融界网站总编辑

水　皮　《华夏时报》总编辑

刘永刚　《中国经济周刊》编委

吴　亮　《财经国家周刊》常务副总编辑

张永山　《经济研究》杂志社副社长

杨　光　中证报基金部副主任

杨彬彬　凤凰网副总编辑

陈剑锋　和讯网首席运营官

金　巍　中国传媒大学研究员

赵何娟　BT传媒CEO、钛媒体创始人

袁　满　《财经》杂志金融主管编辑

高　军　腾讯财经副总监

高进水　经济科学出版社编审、《经济研究参考》杂志社长

龚　雯　人民日报社经济社会部副主任

董少鹏　证券日报常务副总编辑

薛长青　《新财富》杂志总编辑